俵義文
YOSHIFUMI TAWARA

日本会議の全貌

知られざる巨大組織の実態

花伝社

日本会議の全貌——知られざる巨大組織の実態◆目次

はじめに

２０１５年8月30日、国会周辺は戦争法案（安全保障関連法案）に反対する12万人を超える市民などで埋め尽くされていた。国会前のほか、全国１６００か所で合わせて１００万人以上が参加する集会、デモ、街頭宣伝・署名活動、スタンディングなどの諸行動が見られた。

安倍晋三政権は２０１４年7月1日、９条の下でも集団的自衛権の行使を容認する憲法違反の閣議決定を行い、それに基づいて、集団的自衛権を行使するための「安全保障関連法案」（新法1、既存法改定10）を、２０１５年5月14日に閣議決定し、翌15日に国会に上程した。この法案は、明らかに自衛隊が米軍や多国籍軍（有志連合軍）と一緒に海外で戦争するための法律であり、どの面からみても「戦争法」である（本書では以後、戦争法と記述することにする）。

この戦争法案に対し、歴代の内閣法制局長官の多数、元最高裁判所長官や判事までもが違憲だと批判し、憲法学者の90％以上が違憲だと声明をだし、「安全保障関連法に反対する学者の会」（以下、「学者の会」）による学者・研究者の賛同署名は1万４０００人を超えた。そして、「学者の会」、ＳＥＡＬＤｓ（自由と民主主義のための学生緊急行動）、「ママの会」（安保法制に反対するママの会）、「立憲デモクラシーの会」、澤地久枝呼びかけの「アベ政治を許さない」など、多様な組織による運動が展開された。

こうした動きを受け、会期内で法案成立ができなくなった安倍自公政権は、会期を9月27日まで史上最長の95日間延長して戦争法の成立をめざし、９月19日未明に国会運営の基本的原則すら踏みにじる暴挙によって、「採決」を強行して「成立」させた。この違憲の戦争法については、強行「採決」後の世論調査（『朝日新聞』15年9月21日付）でも、賛成30％に対して反対は51％であり、「審議は尽くされた」12％に対して、「尽くされていない」75％となって、多くの市民が戦争法に反対している。

日本会議と「日本会議議連」

さて、安倍政権と自民党・公明党は、このような戦争法に反対する大きな世論を無視して、採決を強行し、立憲主義、民主主義を乱暴に破壊し、個人よりも国家、個人は国家に奉仕するのが当然という政治を推し進めている。戦争法の「成立」後、野党がそろって臨時国会の開会を要求したのに対し、安倍自公政権は臨時国会開会を最後まで拒否し続けた。憲法53条は「いずれかの議院の総議員の4分の1の要求があれば、内閣は、その召集を決定しなければならない」と定めており、安倍政権の臨時国会召集拒否は明らかに憲法違反である。

さらに、沖縄の基地問題、原発再稼働、消費税増税、ＴＰＰ（環太平洋連携協定）、「慰安婦」問題をはじめとした歴史認識、教育・教科書問題、労働法制改悪問題などでも、国民世論に反した独裁政治を強行している。

こうした世論を無視した暴走を可能にしている要因として、国会内、特に衆議院において、民意を反映しない小選挙区制度の下、自民党が多くの議席を占有していることは明らかである。

しかしそれだけではない。安倍政権の下で、自民党の極右政党化が進んできたことが背景にあり、さらに、その自民党の中で、特定の極右的政治勢力が増大してきたことにある。

それは、日本会議国会議員懇談会（以下、「日本会議議連」）という超党派の議員連盟であり、衆参２８０人という大勢力のこの議連に所属する議員の支持によって第２次安倍政権、第３次安倍政権が誕生したのである。例えば、15年9月17日の参議院安保法制特別委員会での強行採決時、委員長席に詰め寄る野党議員を力で排除した映像がテレビに何回も流れた佐藤正久参議院議員（自衛隊イラク派遣第1次復興支援隊長、自民党国防部会長＝当時、現参議院外交防衛委員長）は「日本会議議連」のメンバーである。

そして、「日本会議議連」と連携して、民間においてこの極右の安倍政権を誕生させ支えているのが、日本会議という改憲・翼賛の極右組織である。

1997年5月に日本会議と「日本会議議連」が誕生して以降、極右組織の要求を連携する極右議連の議員が、それを国会で取り上げ実現するという構図が作り上げられてきた。日本会議と「日本会議議連」は密接に連携して、この19年間、日本の政治・社会に様々な影響を及ぼしてきたが、筆者が「日本会議政権」と呼称する安倍政権の誕生によって、両者の関係はさらに密接になり、重要な諸政策を推進してきた。詳しくは本書で紹介するが、その端的な例が文部科学省が2002年に発行した道徳副教材『心のノート』であり、さらに、第1次安倍政権が2006年12月に行った教育基本法の〝改悪〟（1947年教育基本法の廃止と同名のまったく別の法律の制定）であった。さらに、日本会議は、14年7月1日の集団的自衛権行使容認の閣議決定を熱烈に支持し、戦争法制定を組織をあげてバックアップしてきた。

日本会議と憲法改正

15年6月4日の衆議院憲法審査会の参考人質疑で、自民党・公明党推薦の長谷部恭男早稲田大学教授、民主党推薦の小林節慶応義塾大学名誉教授、維新の党推薦の笹田栄司早稲田大学教授の3人全員が「戦争法は憲法違反」と発言した。この3人の憲法学者の「憲法違反発言」によって「潮目」が大きく変わった。その後、憲法学者の90％（一部報道では95％）が憲法違反だと表明したのだ。

これに対し菅義偉官房長官は、「合憲だと主張する憲法学者もたくさんいる」と発言し、その「たくさん」の憲法学者の名前を聞かれ、名前あげたのが次の３人だけであった。それは、長尾一紘中央大学名誉教授、百地章日本大学教授、西修駒澤大学名誉教授であるが、この３人は全員日本会議の中心メンバーであり名うての改憲論者である。日本会議が設立した後述の「美しい日本の憲法をつくる国民の会」では、百地は幹事長、長尾と西は代表発起人である。また、日本会議が改憲をめざして２００１年11月に設立した「21世紀の日本の憲法」有識者懇談会（「民間憲法臨調」）では、百地は事務局長、長尾は代表委員、西は副代表である。「日本会議議連」副会長の菅官房長官がこの３人の名前をあげたことが、両者の緊密な関係の証左である。

安倍政権は戦争法の「成立」で満足せず、16年３月29日にそれを発動させ、16年７月の参議院選挙で「憲法改正発議」に必要な３分の２の改憲支持議員を確保して明文改憲に乗り出す意図を表明しているが、日本会議は憲法「改正」の国民投票の実現をめざし、国民投票で過半数（３０００万票と推定）の憲法「改正」賛成票を獲得するための、「憲法改正１０００万人賛同者拡大署名」などの「国民運動」を展開している。

戦争法の強行可決から40日後の11月10日、日本会議が14年10月に発足させた「美しい日本の憲法をつくる国民の会」（共同代表：櫻井よしこ・田久保忠衛・三好達、以下「国民の会」）は、日本武道館で「今こそ憲法改正を！1万人大会」を開催した。大会には全国から動員された1万１３００人（主催者発表）が参加し、１０００万人賛同者署名は４４５万人以上に達したと報告された。

安倍首相は、この大会に自民党総裁の肩書で次のようなビデオメッセージをおくった。

　ご来場の皆様、こんにちは。自由民主党総裁の安倍晋三です。

　本日は、はるばるインド、ベトナムからのご来賓もお迎えし、「今こそ憲法改正を！1万人大会」が、盛大に開催されましたことに、心からお喜びを申し上げます。

憲法改正の早期実現を求めて、全国各地からご参集された皆様に心から敬意を表します。

来年は日本国憲法が公布されてから70年の節目を迎えます。

わが国は戦後、現行憲法のもとで、自由と民主主義を守り、人権を尊重し、法を尊ぶ国として、一貫して世界の平和と繁栄のために貢献してまいりました。現行憲法にこうした基本原理を堅持することは、今後も揺るぎないものであります。

他方、70年間の時の流れとともに、国の内も外も世の中は大きく変わりました。この間、憲法は一度も改正されていませんが、21世紀にふさわしい憲法を追求する時期に来ていると思います。

また、現行憲法が、日本が占領されていた時代に占領軍の影響下でその原案が作成されたものであることも事実であります。憲法は国のかたち、未来を語るものです。その意味において、私たち自身の手で憲法をつくっていくという精神こそが、新しい時代を切り拓いていくことに繋がるものである。私はそう考えます。

自民党は、結党以来60年、憲法改正を党是とし、選挙の公約にも憲法改正を明記してまいりました。平成24年には、党として憲法改正草案を発表し、具体的な改正項目を示して、これを世に問うてまいりました。憲法改正の手続きについては、第一次安倍政権で、国民投票法が制定され、第二次安倍政権で宿題とされていた投票年齢の18歳への引き下げが実現しました。憲法改正に向けて渡っていく橋は整備されたのであります。

そして今、憲法改正に向けた議論が始まっています。そこで大切なことは、その議論が国民的な議論として深められていくことであります。憲法改正は衆参両院のそれぞれ3分の2以上の賛成が得られて発議されますが、その成否を決めるのはあくまで国民投票です。国民が、憲法を改正すべきだ、と思ってはじめてなされるものであります。

憲法改正は、党派を超えて取り組むべき大きな課題です。各党の皆さんにも協力を呼び掛け、実りある議論を十分に行い、国民的なコンセンサスを得るに至るまで深めてまいりたいと存じます。

美しい日本の憲法をつくる国民の会の皆様におかれては、全国で憲法改正1000万賛同者の拡大運動を推進し、日本の国づくりの国民的議論を盛り上げていただいており、大変心強く思います。21世紀にふさわしい憲法を自らの手でつくりあげる。その精神を日本全体に広めていくために今後ともご尽力をいただきたいと存じます。憲法改正に向けて、ともに着実に歩みを進めてまいりましょう。

マスメディアの注目

日本会議は、この「国民の会」をはじめいくつもの「フロント組織」を保有し、日本の政治・経済・社会・教育・文化などあらゆる分野に浸透し、支配を進めようとしている。日本会議の歴史認識は、日本の侵略戦争や加害、植民地支配を正当化するものであるが、これは明らかに歴史修正主義である。欧米では歴史修正主義は極右とみなされる。その意味でも日本会議は極右組織である。

前述のように重大な影響力を行使しているにもかかわらず、日本国内ではこれまであまり注目されてこなかった。特に、マスメディアが日本会議や「日本会議議連」について報道することはほとんどなかった。

2015年に日本会議について5回の署名入り記事「時代の正体　日本会議を追う」を書いた『神奈川新聞』の田崎基記者は、筆者への取材をはじめ関係者に取材して、日本会議の危険性を痛感し、大メディアがこれまでどの程度報道してきたかを検索し、共同通信も過去に1度しか報道していないことに驚いたと筆者に語っている。

一方、欧米や韓国などのメディアは日本会議と「日本会議議連」に注目し、筆者にもたびたび取材して報道してきた。2012年12月の総選挙で第2次安倍政権が誕生した直後の13年1月、アメリカの『ワシント

表1

媒体名	掲載号	記事名
FRIDAY	14年8月22日・29日	安倍政権を完全支配する「日本会議」の正体　根底から暴く！
東京新聞	15年3月28日	草の根保守の先兵　日本会議
週刊金曜日	4月3日	佐高信「日本会議」ならぬ「日本だけ会議」
神奈川新聞	5月4日、5月5日、8月5日、8月19日、8月20日	時代の正体　日本会議を追う
週刊金曜日	6月3日	日本会議、文科省も絡む教育右傾化の潮流
朝日新聞	6月4日	日本会議提唱　自民主導の意見書・請願
朝日新聞	6月23日	海外メディア“日本会議”に注目
プレイボーイ	7月8日	安倍内閣を牛耳る「日本会議」とは何か
週刊現代	7月11日、7月18日	魚住昭の誌上デモ
週刊朝日	10月23日	参院選は「神頼み」第3次安倍改造政権支える宗教
AERA	16年1月25日	安倍政権と日本会議
朝日新聞	3月23日～25日	日本会議研究　憲法編
Journalism	5月号	特集　存在感増す「日本会議」、組織、人脈、行動…　右派運動ってなんだろう？
NHK	5月2日	クローズアップ現代＋「密着ルポ私たちと憲法」
共同通信	5月4日	首相を支える保守系団体「日本会議」全国に会員3.8万人

ンポスト』やイギリスの『エコノミスト』などが安倍政権を極右政権として批判的に報道したのは、筆者が提供した、安倍首相をはじめ大臣たちが「日本会議議連」など極右議連に所属する事実を踏まえたものであった。

海外に遅れはとったものの、２０１５年になると日本においてもマスメディアが日本会議・「日本会議議連」と安倍政権の関係に注目した記事を掲載するようになった。そのいくつかを表１にまとめた。

本書は、日本を「戦争する国」に変えようとする安倍政権を国会と民間で推進する極右組織の日本会議について、その成り立ちと今日までの活動、性格、構成メンバー、めざすものなどについて、その実態をできるだけ詳細に明らかにするものである。この極めて危険な極右勢力について、多くの市民が認識し、このような政治家を国政でも地方政治でも無くしていくたたかいに役立つことが筆者の念願である。

（本書では本文中敬称を略すことをお断りする）

第1章　日本会議設立までの歴史

「誇りある国づくり」をスローガンに掲げる日本最大の右翼組織、日本会議とは何か？　それを考えるためには、その設立に至る歴史を見る必要がある。

日本会議の公式サイトには「日本会議とは」として、「私たちは、美しい日本の再建と誇りある国づくりのために、政策提言と国民運動を推進する民間団体です。私達『日本会議』は、前身団体である『日本を守る国民会議』と『日本を守る会』とが統合し、平成9年5月30日に設立された全国に草の根ネットワークをもつ国民運動団体です」と説明している。

日本会議が設立されたのは1997年5月30日である。設立総会で採択された「設立宣言」はその「結び」で、「ここに二十有余年の活動の成果を継承し、有志同胞の情熱と力を結集して広汎な国民運動に邁進することを宣言する」と述べている。さらに、「設立趣意書」では、次のように説明している。

我々「日本を守る会」と「日本を守る国民会議」は、設立以来20有余年にわたり、戦後失われようとしている健全な国民精神を恢弘《かいこう》（事実などをおしひろめること『広辞苑』―筆者）し、うるわしい歴史と伝統にもとづく国づくりのため相提携して広汎な国民運動を展開してきた。

なかでも、全国の有志とともに運動を展開した元号法制化実現をはじめ、御在位60年や御即位などの皇室敬慕の奉祝運動、歴史教科書の編纂事業や終戦50年に際しての戦没者への追悼事業や昭和史検証事業、さらには、伝統に基づく国家理念を構想した新憲法制定の提唱など、これらは戦後日本の再建を願ってきた我らが国民運動の結晶である。

以上からわかるように、日本会議の前身は「日本を守る国民会議」（以下「国民会議」）と「日本を守る会」である。そして、設立までの「20有余年」の間、両者は提携して「国民運動」を展開してきたとして、元号法制化実現をはじめとした活動とその成果を継承するのが日本会議であると宣言している。「国民会議」は、元号法制化（１９７９年６月）の「国民運動」から生まれた右翼組織である。日本を守る会と「国民会議」が提携してすすめた「20有余年」の「事業」について、検討しておこう。

1　元号法制化運動と日本を守る会の役割

元号法制化問題を考える上で、１９６０年代半ば以降に強まる反動化、歴史修正主義の動きを見ておこう。１９５８年〜60年にわたる「60年安保闘争」は、日米新安保条約は阻止できなかったが、最高時に33万人（主催者発表）が国会を包囲した運動に至り、岸信介内閣を打倒する成果をもたらした。これに危機感を持った日米支配層は、一方で、池田勇人内閣による「所得倍増政策」を推進して、国民の目を経済に向けさせながら、安保闘争を担った労働組合運動の分断や教育や思想分野での国民支配政策を推進した。その主な動きは次のようなものである。

文部省・中央教育審議会は１９６５年1月、天皇への忠誠などを打ち出した「期待される人間像」中間草案を発表した。政府（佐藤栄作内閣）は、66年7月、建国記念日審議会を設置し、同審議会は同年12月8日のアジア太平洋戦争開戦記念日に、建国記念の日を2月11日とする答申を行い、政府は12月9日に政令として公布し、67年2月11日に初の「建国記念の日」が実施された。69年5月3日には自主憲法制定国民会議（会長・岸信介）が結成された。さらに政府（同前）は、68年10月に明治100年記念式典を開催した。こうした動きの中で、69年6月には、自民党が初めて靖国神社国家護持法案を国会に提出した。この時は審議未了となったが、74年5月25日、自民党は靖国法案を衆議院本会議で単独可決した（参議院で廃案）。76年11月10日、政府（三木武夫内閣）は昭和天皇在位50年記念式典を挙行した。77年7月、文部省は「君が代」を国歌と規定した。

こうした動きと並行して元号法の制定化運動が進行した。この動きについて簡単に見ておこう。

元号とは政治的紀年法の一つで、中国を中心とする漢字文化圏に広がったもので、年号と同義語で使用される。日本では天皇制と結びついて使用されてきたが、明治維新以降は「一世一元」とされている。アジア太平洋戦争の敗戦後、連合国軍総司令部（ＧＨＱ）による民主化政策の中でつくられた新しい皇室典範からは元号規定が削除された。「１９４６年、政府は元号を国務的な事項と考えて、内閣法制局で元号法案を準備した。しかし、ＧＨＱの反対にあい、枢密院の審議にまわす前に取り下げた」（『天皇・皇室辞典』岩波書店）。１９５０年頃に国会で元号の取り扱いについての議論が起こったが、否定的な意見が多く出されて立ち消えになった。自民党政府（池田勇人内閣）は１９６１年に元号制に法的根拠がないことを国会で答弁している。

しかし、67年に建国記念の日を制定した政府・自民党の次の目標は元号法であり、前述のように政府（佐藤内閣）は68年に明治１００年記念式典を挙行したことと合わせて元号法制化をねらい、１９７２年、自民党は政務調査会の内閣部会に「元号に関する小委員会」を設置し、元号法制化の取り組みを開始した。

こうした自民党の動きに呼応して、民間レベルでの右翼勢力による元号法制化運動が活発化した。76年に官民一体で行われた「昭和天皇在位50年式典」なども活用して運動を盛り上げていった。

この右翼勢力の中で主導的な働きをしたのが、「日本を守る会」である。

「参議院のドン」村上正邦

「日本を守る会」は、鎌倉円覚寺貫主（当時）の朝比奈宗源（故人）が神道・仏教系の新宗教団体に呼びかけて、1974年4月に結成された。朝比奈宗源は「あるとき伊勢神宮に参拝し『世界の平和も大事だがいまの日本のことをしっかりやらないといけない』と『天の啓示』を受け」（菅野完『日本会議の研究』扶桑社新書）て「日本を守る会」結成を呼びかけたということである。発足当時の役員名簿には、明治神宮、浅草寺、臨済宗、仏所護念会、生長の家など宗教団体が名を連ねている。

「日本を守る会」は発足後すぐに元号法制化運動に取り組みはじめるが、この頃に、「日本を守る会」の事務局を取り仕切っていたのが、後に「参議院のドン」とよばれた村上正邦元参議院議員である。

村上は、生長の家本部職員を経て、生長の家を支持基盤にしていた玉置和郎参議院議員の秘書を1960年から14年間つとめ、74年の第10回参議院選挙に生長の家の組織票をバックに自民党公認で全国区（現比例）に立候補したが落選した。落選後は生長の家を代表して「日本を守る会」の事務局にいた。前述のように、政府は76年11月10日に昭和天皇在位50年記念式典を挙行したが、この時、「日本を守る会」は「昭和天皇在位50年奉祝行列」を挙行した。この日本橋から新橋までの提灯行列を取り仕切ったのが村上で、明治神宮から潤沢な資金を引き出し、各種宗教組織の動員によって「奉祝行列」は成功裏に終わった。

村上はその後、再び玉置の秘書になり、80年の第12回参議院選挙に自民党公認で初当選し、生長の家政治連盟や神道政治連盟などの宗教票に支えられて連続4期当選した。後述する自民党の「歴史・検討委員会」

や日本会議国会議員懇談会（「日本会議議連」）の中心的な政治家であったが、村上の元政策秘書で、村上同様に生長の家をバックにした小山孝雄参議院議員が、２００１年1月にＫＳＤ汚職事件で逮捕され、村上も01年3月1日受託収賄容疑で逮捕され議員を辞職した。村上は、東京地裁、東京高裁で有罪判決（懲役2年2ヶ月、追徴金約７２８０万円）が出され、最高裁も08年3月27日に上告を棄却した。

なお、小山孝雄は、安倍晋三・中川昭一・衛藤晟一などが「新しい歴史教科書をつくる会」（「つくる会」）をバックアップするために、１９９７年2月27日に設立した「日本の前途と歴史教育を考える若手議員の会」（「教科書議連」、現在は名称から「若手」を削除）の幹事長代理を務め、「つくる会」会長（当時）の西尾幹二から「『つくる会』がもっとも頼りにする国会議員」といわれ、２０００年8月に参議院予算委員会で「つくる会」に有利な教科書採択制度を実現する質問を行い、これを全面的に認めた大島理森文部大臣（当時、現衆議院議長）答弁が、その後、教育委員会による「つくる会」系教科書の採択を可能にした制度改悪になった。

77年9月に元号法制化を求める地方議会決議運動がはじまる（79年7月までに46都道府県、過半数の１６３２市町村で議会決議を達成）。78年6月14日、「元号法制化促進国会議員連盟」が設立され、78年７月に「元号法制化実現国民会議」（石田和外議長、元最高裁長官・故人）が結成され、78年11月に元号法制化実現総決起国民大会が開催された。これを受けて政府は、78年11月17日に元号法制化の閣議決定を行い、79年６月6日に元号法制化法案が可決成立し、12日に元号法が公布、施行された。

この時の元号法制化運動を中心になって推進したのが「日本を守る会」であるが、なかでも大きな役割を果たしたのが１９７７年に「日本を守る会」の事務局に入った「日本青年協議会」であり、そのリーダーだった椛島有三（現日本会議事務総長）である。日本青年協議会について明らかにするためには、その母体となった生長の家の政治運動・社会運動について見ておく必要がある。

2 生長の家と日本青年協議会

1930年に谷口雅春が創設した「生長の家」は、戦前・戦中は「皇軍必勝」のスローガンの下、軍部に貢献し戦争に協力して天皇信仰や感謝の教えを説いた。戦後、強烈な反共主義者の谷口は、「明治憲法復活」「占領体制打破」など積極的な言論活動を行い、「右翼宗教家」として知られるようになり、60年安保闘争のころから、右翼的な政治・社会運動を展開していた。この生長の家の信者の子弟が1966年に「生長の家学生会全国総連合会」（「生学連」）（委員長・土橋史朗、土橋は高橋史朗の旧姓）を結成し、60年代後半の「70年安保」の学生運動に対抗して右翼的学生運動を展開した。この「生学連」を中心に「民族派の全学連」をめざして69年に全国学生協議会連合（「全国学協」）を設立した。

長崎大学の学生だった椛島有三（現・日本会議事務総長）は、後に生長の家の幹部となる安東巌と共に、1966年、生長の家学生会の学生たちを指導して、日本社会主義青年同盟（社青同）が占拠して授業中断が続いていた長崎大学を「正常化」することに成功し、この成功を基に、67年、全学連、全共闘に対抗する恒常的な組織として長崎大学学生協議会（「長大学協」）を結成して議長に就任する。

「長崎大学で右翼学生が左翼学生からキャンパスを解放した」というニュースは、全国の大学の右翼・民族派学生の中に広がっていった。九州では他の大学へも広がり、衛藤晟一（現・首相補佐官）が率いた大分大学や別府大学をはじめ、熊本大学、鹿児島大学などでも「学協」が結成され、68年3月に九州学生自治体協議会（「九州学協」）が結成された。「九州学協」「各学協」は、69年5月～11月に、長崎大学、熊本大学、鹿児島大学などで全共闘などによるバリケード封鎖を排除した。こうした九州での動きは全国に広がり、北海道、東北、関東、東海、関西、中国、四国に「ブロック学協」が結成され、69年5月に全国学生協議会連合

（「全国学協」）が結成された。

日本会議のコアメンバーたち

このような右翼・民族派学生による「学協」「全国学協」の動きが広がったのは、「生学連」の活動家・椛島有三の働きが大きい。椛島は、全国の「生学連」の仲間に「学協」結成に協力するよう要請し、これに応えて、いくつかの大学では生長の家学生会が右翼的な「原理研」（原理研究会）や「日学同」（日本学生同盟）などの学内団体と共に全国学生協議会を結成した。なお、「全国学協」の初代委員長には、生長の家学生会出身の鈴木邦男が就任した。鈴木は、当時の「全国学協」書記長と対立して1か月ほどで退任し「全国学協」からも離れた。後に生長の家とも別れて一水会を結成し、現在その顧問を務めている。

この「全国学協」のOBたちによって、1970年11月3日、「日本青年協議会」（「日青協」）が橿原神宮で結成された。この時の役員は、委員長・衛藤晟一（現・首相補佐官）、副委員長・酒井文雄、書記長・椛島有三（現・日本会議事務総長）、政策部長・伊藤哲夫（現・日本政策研究センター代表）、事務局長・米良紘一郎、編集局長・松村俊明（現・日本会議事務局長）などである。

この「日青協」結成を中心になって推進したのは、椛島有三、衛藤晟一、伊藤哲夫、高橋史朗、百地章、松村俊明、宮崎正治（現・日本教育再生機構常務理事）などである。高橋史朗は、早稲田大学在学中（当時の姓名は土橋史朗）に「生学連」委員長になり、「生学連」女子学生対策局長だった高橋こずえと後に結婚し、「入り婿」となって改姓して高橋史朗となった。高橋は「日青協」が設立した日本教育研究所の事務局長や副代表を歴任した。伊藤哲夫は新潟大学在学中から「生学連」で活動し、生長の家青年会中央教育宣伝部長などを務めた。生長の家が政治活動をやめた後、84年に日本政策研究センターを設立し、長く所長を務め、08年に代表になった。現在は日本会議常任理事であるが、日本を守る国民会議、日本会議の中心的な

「理論家」といわれ、安倍晋三の筆頭ブレーンといわれている。
「日青協」は、「生学連」、「全国学協」、反憲法学生委員会全国連合会（「反憲学連」）の上部組織としてこれらを指導していたが、「全国学協」とは73年９月に決別し、これにかわる学生組織として「反憲学連」を74年３月に結成した。この「反憲学連」の議長・宮崎正治（早大）は05年当時「つくる会」事務局長を務め、分裂後は日本教育再生機構の常務理事に就任している。編集長・松村俊明（早大）は現在日本会議の事務局長である。さらに、「日青協」は、74年11月に下部組織として日本教育研究所を設立したが、土橋（高橋）史朗は事務局長に就任し、松村俊明が教育理論研究会代表になっている。

なお、06年の「つくる会」分裂の原因になったのは、当時の「つくる会」事務局長の宮崎正治を西尾幹二、藤岡信勝などが解任しようとして、それに反対する日本会議系の理事、内田智（弁護士）、勝岡寛次（明星大学戦後教育史研究センター）、新田均（皇學館大学教授）、松浦光修（皇學館大学教授）が当時会長の八木秀次を味方につけて反対し、内部抗争が激化したためである（拙著『〈つくる会〉分裂と歴史偽造の深層』花伝社）。

以上のように、「日青協」を結成した彼らは今日の日本会議、右翼運動の中心メンバーである。

日本会議の実動部隊「日青協」

「日青協」は、「祖国の文化と伝統を守り、現体制を打破して天皇中心の新体制国家の形成を期し、祖国日本を血縁的な思想共同体であるとの認識のもとに、民族の理想を現代に顕現させる」ことを目的とし、大日本帝国憲法（明治憲法）への原点回帰をめざす運動および日教組攻撃を通じて「教育正常化」に取り組む右翼・民族派組織である（『右翼・民族派事典』国書刊行会刊）。「日青協」は、こうした目的・方針の下に、教育系学生や青年教員をターゲットにした活動に取り組んだ。

この活動を担ったのが、「日青協」が74年に「教育学生ゼミナール」を基礎に設立した日本教育研究所である。同研究所は、「教科書の作成、教育理論家、活動家を創出する拠点校の増設、教育基本法体制打破の教育闘争を全国的に展開する」ことを目的にして、全国教育学生連絡会議、全国青年教師連絡会議を設けて指導している（『右翼・民族派事典』）。藤岡信勝（「つくる会」元会長）が1995年に設立した「自由主義史観研究会」には高橋史朗をはじめ、入川智紀、多久善郎、江崎道明、占部賢志など日本教育研究所の所員や「日青協」関係者が多数参加していた。この「日青協」によって組織された教員たちが右翼的教職員団体「全日本教職員連盟」（「全日教連」）の中心的な担い手になってきた。また、「つくる会」や日本教育再生機構（「再生機構」）を支持し、育鵬社・自由社教科書、日本会議発行の高校教科書『最新日本史』を支持している現場教員の多くは、この「日青協」関係者や「全日教連」のメンバーである。

日本会議事務総長の椛島有三が会長として率いる「日青協」は、今日では日本会議の事実上の「青年組織」として、日本会議と同じ場所に事務所を置き、日本会議の事務局を担い動かしている。さらに、「日青協」は日本会議が改憲をはじめ「慰安婦」問題などその時々の課題の宣伝などの目的で毎年実施する「全国縦断キャラバン」を担う「行動隊」の役割を担っている。「日青協」は、機関誌『祖国と青年』（季刊）を発行したが、『祖国と青年』は現在も機関誌として発行されている。

生長の家を代表して「日本を守る会」の事務局を取り仕切っていた村上正邦は、1977年、同じ生長の家の信者たちが中心になって結成した「日青協」を「日本を守る会」の事務局に参加させる。当時の「日青協」の書記長は椛島有三であり、椛島は「長大学協」で「長崎大学正常化運動を勝ち抜いた闘士であり、民族派学生運動のヒーロー。長年学生運動の現場で左翼学生運動と対峙し、左翼の運動手法も組織の動かし方も熟知している。これほど適任者はいないだろう」（菅野完『「日本会議」の実態、そのめざすものⅡ』立憲フォーラム）。村上にこのように評価されて「日本を守る会」事務局に入った椛島は、実質的に事務を取り仕切り、元号法制化運動の進め方について次のように提案した。

この法制化を実現するためには、どうしても国会や政府をゆり動かす力が必要だ。それには全国津々浦々までこの元号法制化の必要を強く訴えていき、各地にこの元号問題を自分たちの問題として取り上げるグループを作りたひ。そして彼らを中心に県議会や町村議会などに法制化を求める議決をしてもらひ、この力をもって政府・国会に法制化実現をせまらう。

（椛島有三『日本青年協議会40年史』）

この椛島の提起を受けて元号法制化を目指す「国民運動」が展開される。77年9月に元号法制化を求める地方議会決議運動が始まり、79年7月までに46都道府県、市町村の過半数の１６３２議会で決議を達成した。78年7月に各界代表を集めて「元号法制化実現国民会議」（石田和外議長、元最高裁長官、故人）が結成される。同年7月には元号法制化の世論喚起にむけて全国47都道府県を縦断するキャラバン隊が派遣され、各地に元号法制化の都道府県民会議（地方組織）の結成が相次ぐことになる（この全国縦断キャラバンは以後毎年実施され、日本を守る国民会議—日本会議の主要な運動の形態として引き継がれている）。さらに、11月、日本武道館に1万人（主催者発表）を集めた「元号法制化実現総決起国民大会」を開催し、翌79年1月からは全国から法制化を求める国会陳情活動を実施した。

こうした「国民運動」を受けて政府は、78年11月17日に元号法制化を閣議決定し、79年6月6日に元号法制化法案が可決成立し、6月12日に元号法が公布、施行された。この元号法制化の「国民運動」は、その後の右翼勢力の運動のやり方として、日本を守る国民会議・日本会議に受け継がれている。

日本会議の機関誌『日本の息吹』

3　日本を守る国民会議の設立と活動

「元号法制化」運動を展開し「成功」した右翼組織は、１９８０年８月、元号法制化運動以降の国民運動を訴える全国縦断キャラバンを実施し、翌81年３月までに「日本を守る県民会議」が各地で結成された。こうした動きをつくりながら、改憲・翼賛の「国民運動」を展開する恒常的な組織として、「元号法制化実現国民会議」を発展的に改組して、１９８１年10月に「日本を守る国民会議」（「国民会議」）を結成した。

発足時の役員は、議長・加瀬俊一（初代国連大使、故人）、運営委員長・黛敏郎（音楽家、後に議長、故人）、事務総長・副島廣之（明治神宮常任顧問、元日本会議代表委員、故人）、事務局長・椛島有三である。

「国民会議」は機関誌『日本の息吹』の創刊号を84年４月15日に発行したが、当時は月刊誌ではなかった（日本会議発足までに１１３巻が発行された）。この機関誌は日本会議になってからも「誇りある国づくりをめざすオピニオン誌」と銘うって同名の月刊誌として発行されている（2016年5月号で通巻342号になっている）。
「国民会議」の結成総会の基調報告で、黛敏郎運営委員長は次のように述べている。

日本を守るためには物質的に軍事力で守る防衛の問題と、更に心で、精神で守らなければならない教育に関係した二つ大きな問題がございます。この二つを統合する大きな問題として憲法がありますが、国を守る根源は、つまるところ国家民族というものをいかに認識するか、換言するならば天皇という御存在を如何に認識するかということが大切だと思います。

私共が憲法改正を唱えるにあたって、まず国家意識、ひいては天皇につながる国体というものをまずはっきりと確立するところから手をつけなければならないと考える次第です。つまり、憲法、防衛、教育の問題は、まず正しい国家意識と言うならば正しい愛国心の確立と言う根源的な心の問題から入らなければならないと思います。

（『日本の息吹』第2号、1984年7月15日）

以上のように位置づけ、憲法を「改正」して天皇中心の国をつくることを基本方針に掲げてきた。

4　高校日本史教科書『新編日本史』発行

この「国民会議」結成とほぼ同時進行で、「教科書が偏向している」という第2次教科書「偏向」攻撃が、1980年から自民党・民社党や勝共連合系の一部学者、右翼勢力によって展開された。この教科書攻撃に対して、日本出版労働組合連合会（出版労連）、マスコミ文化情報労組会議（MIC）、日本教職員組合（日教組）、教科書検定訴訟を支援する全国連絡会（「教科書全国連絡会」）、歴史教育者協議会などや学者・研究者、市民による反対運動が展開された。

この教科書攻撃を背景に文部省は教科書検定を強化し、日本の侵略戦争・加害の事実をゆがめる検定を行った。このような政府・文部省による歴史改ざんの教科書検定が、82年6月末に国内外のメディアの報道によって、中国、韓国、北朝鮮などアジアの国々に知られることになり、激しい批判・抗議が巻き起こった。教科書検定問題は外交問題になり、鈴木善幸内閣の宮澤喜一官房長官が「アジア近隣諸国との友好・親善を進める上でこれらの批判に耳を傾け、政府の責任で是正する」という「宮澤談話」を出して決着を図った。

これを受けて文部省は、82年11月に教科書検定基準に「近隣のアジア諸国との間の近現代の歴史的事象の扱いに国際理解と国際協調の見地から必要な配慮がされていること」という「近隣諸国条項」を追加し、これ以降、日本の侵略・加害記述について検定で歴史を歪曲しないと国内外に約束した。

こうした国内の動きと国際的な批判によって第2次教科書攻撃は収束し、文部省の検定によって歴史事実を改ざんできなくなった自民党や右翼勢力は、自ら歴史をわい曲した教科書の作成に乗り出した。96～97年の「つくる会」などの教科書作成の先駆けである。

国家意識＝愛国心を培う

「国民会議」は、82年10月に「教科書問題を考える懇談会」を開催し、教科書の自主編纂を提案する。そして、83年12月、右翼勢力を結集して「教科書正常化国民会議」が設置され、歴史教科書づくりに着手する。その事業を担ったのが「国民会議」である。「国民会議」の総会で「84年度国民運動基本方針」を提案した副島廣之事務総長（当時、明治神宮常任顧問、故人）は、「教科書編纂事業等に取り組む中で、憲法改正の思想的潮流を形成して行きたい」と述べた（前記『日本の息吹』第2号）。

このように「国民会議」は、高校教科書の発行を天皇中心の国家体制をつくるための憲法改正への「思想的潮流の形成」と位置づけていた。そして、憲法、防衛、教育を同じ課題として、まず、国家意識＝愛国心を培うために歴史教科書の発刊が必要だとし、高校日本史教科書を発刊する意義について、次のように説明していた。

㈠偏向教科書の批判に止まっていた従来の反省を踏まえ、我々が目指すべき教科書を自らの手で編纂して内外に示す。
㈡良識ある教科書の配布運動を全国に広げ、父兄住民を中心とした国民の教科書是正の世論を喚起する。
㈢今回の教科書の編纂に関しては、政治経済社会などの発展段階に重きをおいた記述から、日本人の精神文化の流れに着目した記述を試みる。

これまで、生徒に正しい歴史を教えようと思っても実際使用出きる《ママ》教科書がなかったのが実情で、そうした現場の要望に応えうる教科書を作成し、教科書是正の第一歩とすべき構想をすすめています。

（『日本の息吹』創刊号、84年4月15日）

「憲法、防衛、教育を同じ課題として、まず、国家意識＝愛国心を培う」というのは、安倍首相や「つくる会」、「再生機構」などと同じ考えであり、教科書についての考え方は、「つくる会」などが中学校教科書をつくるにあたっての考え方と同じである。

84年3月、歴史教科書作成にむけて「歴史教科書編纂委員会」（代表・村尾次郎、元文部省主任教科書調査官、故人）が発足し、「国民会議」は1986年に昭和天皇在位60年を奉祝して高校教科書『新編日本史』（原書房）を発行した。これに示されているように、発足時から一貫して天皇と憲法、教育・教科書問題に力を入れてきたが、これは日本会議にも受け継がれている基本方針である。

この『新編日本史』の検定合格をめぐって中国などから激しい抗議があり、外交問題になった。中曽根康弘首相（当時）は、「超法規的措置」として、海部俊樹文相（当時）に合格後の再検定を命じた。この教科書は当時から「復古調教科書」「天皇の教科書」と批判されてきた。歴史を歪曲する「つくる会」系教科書（扶桑社版及びその後継の育鵬社版、自由社版）の高校版である（ただし、発行は高校版の方が先）。

この教科書は、最高時（89年度）９３５７冊使われていたが、採算が取れないために原書房が発行をやめ、国書刊行会が書名を『最新日本史』として引き継いだが、同社も4年で撤退した。日本会議は、発行を引き継ぐために出版部門として明成社（社長・石井公一郎日本会議副会長）を設立して発行を続けている。明成社版『最新日本史』は、例年５０００冊以下の採択である。12年度版から渡部昇一（上智大学名誉教授）を代表執筆者にして大宣伝を行ったが、高校は学校ごと採択であり、高校教員の多くはこの教科書を支持しないので、２０１６年度は４１１０冊（０・０８％）しか使われていない。

5　皇室敬慕の奉祝運動

「国民会議」が最も重視した活動は「皇室敬慕の奉祝運動」であり、その主なものは次のような活動である。この「皇室敬慕の奉祝運動」は日本会議になってからも最重要課題として取り組まれていて、『日本の息吹』には毎号「皇室関係」の記事が掲載されている。

「国民会議」は、84年5月、「天皇陛下御在位60年奉祝委員会」（会長・稲山嘉寛経団連会長＝当時、故人）を結成し、政府に在位60年記念式典の実施を要請し、政府は85年4月に式典を開催した。さらに、85年11月に「天皇陛下御在位60年奉祝の集い」（日本武道館、参加者1万人＝主催者発表）を開催し、翌86年11月には「在位60年奉祝パレード」も開催した（5万人参加＝主催者発表）。

88年9月、昭和天皇の病気が悪化すると、「御平癒祈願運動」を全国で展開し、自治体での「祈願記帳の設置運動」を展開し約1000万人が署名したという。昭和天皇の死去（89年1月）に際しては、89年4月に「昭和天皇奉悼式典」を開催した。

平成天皇の即位に対しては、政府に「即位礼、大嘗祭」を国家儀式として実施するように要請し、「大嘗祭の伝統を守る国民委員会」（代表・斎藤英四郎経団連会長、故人他）を設置し（89年11月）、約600万人の請願署名を政府に提出し（89年12月）、政府（竹下登首相）は大嘗祭を国費負担で挙行した。さらに、「天皇陛下御即位奉祝委員会」（会長・石川六郎日本商工会議所会頭、故人）、「天皇陛下御即位奉祝国会議員連盟」（会長・竹下登、超党派）を設立し、「天皇陛下御即位奉祝中央式典」を開催（90年10月）、「天皇陛下御即位奉祝中央パレード」を実施（11月）した。これ以降も、何かにつけて天皇崇拝の諸行事を行い、これは日本会議になってからもますます活発に実施されている。

教育の問題では、中曽根康弘首相が設置した臨時教育委員審議会（会長・岡本道雄、「臨教審」84年～87年）に対して、元関東軍参謀で「国民の会」役員の瀬島龍三や高橋史朗などを委員に送り込み、84年6月に「教育改革の提言」を提出した。さらに、『新編日本史』『最新日本史』の採択活動などを展開し、96年には、中学校教科書から「慰安婦」や南京大虐殺記述の削除を求めて、「自虐的な中学校教科書の内容是正を訴える全国縦断キャラバン」を実施（9月）し、97年2月には「国民会議」と連携する国会議員によって、教科書の「慰安婦」記述の削除を求める国会論戦を展開した。この活動も日本会議に引き継がれる。

憲法については、憲法「改正」に向けた活動を「精力的に」展開した。82年11月に「憲法改正草案作成に向けた政策委員会（委員長・清水幾太郎、故人）を立ち上げ、83年8月に憲法改正の世論を喚起するために全国縦断キャラバンを展開した。前述の政策委員会は、84年9月、「憲法改正に関する中間報告」を発表した。82年5月3日に第1回を開催した憲法シンポジウムは毎年開催し、86年の第5回には「東京裁判を考える」を開催した。

　１９９０年の湾岸戦争後、日本では財界人や財界団体までも憲法「改正」を主張するようになり、93年には読売新聞社が「憲法改正第１次試案」を発表するなど、アメリカの要求に応じて憲法９条を変え自衛隊の海外派兵を実現しようとする動きが強まる。

「国民会議」は、91年5月3日の第9回憲法シンポジウムを湾岸戦争をテーマに開催し、6月に「新憲法制定宣言」を採択し、新憲法の大綱づくりに着手し、92年5月に「国民会議」結成十周年記念式典を開催して、「新しい国家理念を盛り込んだ『新憲法の大綱』を発表」した。95年には「新しい憲法を研究する」ことをめざして「新憲法研究会」（代表・小田村四郎、代表委員）を設置した。この改憲運動は日本会議になるとますます激しくなるがそれは後述する。

6　「国民会議」の歴史認識・歴史わい曲の活動

90年代になると歴史わい曲の活動はさらに活発になる。この問題を見るうえでは、90年代前半の歴史認識をめぐる情勢について簡単に紹介する必要がある。

　戦後50年決議の前段として、１９９１年12月の国会において、アジア太平洋戦争開戦50周年にあたって不戦決議を行う計画があり、自民党案、社会党（当時）案、政府案（自民党単独政権）が準備されていた。その政府案の中には、「アジア諸国に対し、過去における一時期の侵略行為や植民地支配のような日本軍国主義の行為について、心からのお詫びの気持ちを表明したい」という文言が盛り込まれていた（この国会決議は見送られた）。

「慰安婦」問題をめぐる動向

そうした中で、日本軍「慰安婦」問題が大きな課題となって浮上してきた。

１９９０年、91年に「慰安婦」問題が国会で取り上げられたが、日本政府は、「慰安婦」は民間業者が連れ歩いたと答弁し、「慰安婦」問題、「慰安婦」制度に対する日本軍・政府の関与を否定した。この日本政府の答弁が韓国に伝わり、韓国の女性運動が立ち上がり、その支援の下で、１９９１年８月、韓国の金学順が「自分が生き証人」だと日本軍「慰安婦」にされた事実をはじめて告白し、12月に日本政府に対して謝罪と賠償を求めて東京地裁に提訴した。

また、91年に吉見義明（中央大学教授）が防衛庁（当時）図書館で「軍慰安所従業婦等募集に関する件」と題する「副官より北支那方面軍および中支那派遣軍参謀長あて通牒案」という「慰安婦」について軍の関与を示す史料を発見し、これを『朝日新聞』（92年１月11日付）が一面トップで報道した。これによって日本政府も日本軍の関与と責任を認めざるを得なくなり、１月13日、加藤紘一官房長官（当時）が「お詫びと反省」の談話を発表し、１月16日に訪韓した宮澤喜一首相（当時）が盧泰愚大統領（当時）との会談で、「軍の関与を認めおわび」を表明し、「真相究明」を約束した。

日本政府は「慰安婦」問題の調査を開始し、93年８月３日、調査結果を公表し、河野洋平官房長官（当時）が、「日本軍の関与」を認め、「慰安婦」の「募集、移送、管理等も、甘言、強圧による等、総じて本人たちの意思に反して行われた」とし、「反省とお詫びの気持ち」を表明し、「歴史研究、歴史教育を通じて、このような問題を永く記憶にとどめ」る決意を表した次のような談話（「河野談話」）を発表した。

慰安婦関係調査結果発表に関する河野内閣官房長官談話

平成5年8月4日

いわゆる従軍慰安婦問題については、政府は、一昨年12月より、調査を進めて来たが、今般その結果がまとまったので発表することとした。

今次調査の結果、長期に、かつ広範な地域にわたって慰安所が設置され、数多くの慰安婦が存在したことが認められた。慰安所は、当時の軍当局の要請により設営されたものであり、慰安所の設置、管理及び慰安婦の移送については、旧日本軍が直接あるいは間接にこれに関与した。慰安婦の募集については、軍の要請を受けた業者が主としてこれに当たったが、その場合も、甘言、強圧による等、本人たちの意思に反して集められた事例が数多くあり、更に、官憲等が直接これに加担したこともあったことが明らかになった。また、慰安所における生活は、強制的な状況の下での痛ましいものであった。

なお、戦地に移送された慰安婦の出身地については、日本を別とすれば、朝鮮半島が大きな比重を占めていたが、当時の朝鮮半島は我が国の統治下にあり、その募集、移送、管理等も、甘言、強圧による等、総じて本人たちの意思に反して行われた。

いずれにしても、本件は、当時の軍の関与の下に、多数の女性の名誉と尊厳を深く傷つけた問題である。政府は、この機会に、改めて、その出身地のいかんを問わず、いわゆる従軍慰安婦として数多の苦痛を経験され、心身にわたり癒しがたい傷を負われたすべての方々に対し心からお詫びと反省の気持ちを申し上げる。また、そのような気持ちを我が国としてどのように表すかということについては、有識者のご意見なども徴しつつ、今後とも真剣に検討すべきものと考える。

われわれはこのような歴史の真実を回避することなく、むしろこれを歴史の教訓として直視していきたい。われわれは、歴史研究、歴史教育を通じて、このような問題を永く記憶にとどめ、同じ過ちを決して繰り返さないという固い決意を改めて表明する。

なお、本問題については、本邦において訴訟が提起されており、また、国際的にも関心が寄せられており、政府としても、今後とも、民間の研究を含め、十分に関心を払って参りたい。

侵略戦争の否定

93年7月18日行われた第40回衆議院議員総選挙で自民党は歴史的な敗北をして、政権の座を降り、8月9日に非自民の細川護熙連立政権が発足した。細川首相は、8月10日の記者会見で、アジア太平洋戦争について「私自身は侵略戦争であった、間違った戦争であったと認識している」と発言し、歴代首相としてはじめて侵略戦争だと認めた。

「国民会議」は直ちに、細川首相に「侵略」発言を撤回するよう要請し、細川「侵略戦争発言」に反発した右翼勢力を結集して「『日本は侵略国ではない』国民委員会」を結成し、「英霊にこたえる会」と共同で、93年9月9日と94年3月27日付『産経新聞』に、「細川首相の歴史認識に疑問があります。日本は侵略戦争をしたのでしょうか?」「日本は侵略国ではありません!『英霊』は、侵略戦争の加担者ではありません」という1ページ全面の意見広告を出し、全国各地で「日本は侵略国ではない国民集会」を開催した。

この右翼の動きに呼応して、自民党は自らの手で「大東亜戦争」を総括する目的で1993年8月に「歴史・検討委員会」(「歴史検討委」)を設置した。「歴史検討委」は、同年10月から95年2月まで20回の委員会を開催した。メンバーは衆参議員105名で、委員長・山中貞則、委員長代行・伊藤宗一郎、顧問・奥野誠亮・橋本龍太郎・藤尾正行・武藤嘉文など、事務局長・板垣正、委員には石橋一弥、江藤隆美、衛藤征士郎、梶山静六、塩川正十郎、鈴木宗男、中山太郎、額賀福志郎、保利耕輔、松永光、三塚博、森喜朗、片山虎之助、村上正邦、平沼赳夫など歴代文部大臣、派閥の領袖など自民党の幹部が参加していた。委員の中には、

97年2月に「日本の前途と歴史教育を考える若手議員の会」（「教科書議連」）結成の中心メンバーとなる安倍晋三、衛藤晟一、河村建夫、中川昭一、岸田文雄など若手議員15名が含まれていた。

「歴史検討委」は、後に「新しい歴史教科書をつくる会」（「つくる会」）を立ち上げる西尾幹二や高橋史朗などを講師に招いて議論し、それをまとめて、「日本の戦争は正しかった」という内容の『大東亜戦争の総括』（展転社、B5判447ページ）を95年8月15日に出版した。この日は、自民党と連立を組んでいた社民党の村山富一首相（当時）が侵略戦争や植民地支配を反省する談話（「村山談話」）を出した日であるが、この本の内容はその談話を全面的に否定するものであった。

「歴史検討委」の総括は、日本の行った「大東亜戦争」は、自存・自衛のアジア解放戦争で、侵略戦争ではなかった、南京大虐殺や「慰安婦」は「でっちあげ」であり事実ではない、加害・戦争犯罪はなかった、という結論をだした。そして、侵略戦争や加害の記述を教科書から削除させるために「新たな教科書のたたかい」（教科書「偏向」攻撃）の必要性を強調していた。さらに、このような「侵略・加害はない、日本の戦争は正しかった」という戦争認識・歴史認識を国民に定着させる「国民運動」を、自民党が資金その他でバックアップして、学者を中心に展開することを提起していた。

安倍晋三の受けた〝英才教育〟

「歴史検討委」のもう一つの役割は、戦後の歴史わい曲の中心にいた奥野誠亮衆議院議員（元文部大臣）や板垣正参議院議員（A級戦犯板垣征四郎の子息）など「長老」議員の歴史認識を、安倍晋三など若手議員に受け継ぐことだった。衆議院議員になって一月も経たない安倍は、後に「教科書議連」を立ち上げる15人の同志とともに、長老議員たちに歴史わい曲の〝英才教育〟を受け、若手議員の中でリーダー格になったといえる。

戦後50年を翌年に控えた94年になると、「戦後50年国会決議」をめぐる攻防が激しくなった。敗戦50周年の一九九五年に戦争を反省する国会決議を行う動きに対して、「国民会議」は、94年4月、「終戦50周年国民運動実行委員会」を結成して「戦争謝罪決議」に反対する集会や署名活動を全国で展開した。この実行委員会は会長・加瀬俊一（元国連大使、日本を守る国民会議初代議長）、副会長・黛敏郎（作曲家、日本を守る国民会議議長）で、福田赳夫元首相が最高顧問に就任した。この会の主な構成団体は、日本を守る国民会議、新日本協議会、英霊にこたえる会、日本遺族会、神社本庁、明治神宮、靖国神社、日本郷友連盟、神道政治連盟、不二歌道会、全国戦友会連合会、教科書を正す親の会などの右翼勢力である。この右翼の国民運動組織は、「戦後50年国会決議」に反対し、「戦没者追悼・感謝決議」の国会採択を求め、地方議会での意見書採択を推進した。

こうした右翼勢力の運動に連携したのが自民党の「終戦50周年国会議員連盟」（衆参161議員）であった。同議連は、「戦争謝罪決議」反対を活動目的に掲げて94年12月1日に結成した。同議連の会長は奥野誠亮元法相、事務局長は板垣正参議院議員であり、議員になって1年余の安倍晋三は事務局長代理に抜擢されている。同議連は活動方針で「本連盟の結成の趣旨から謝罪、不戦の決議は容認できない。また日本の名において一方的にわが国の責任を断定することは認められない」「終戦50年に当り、占領政策ならびに左翼勢力によって歪められた自虐的な歴史認識を見直し、公正な史実に立って、自らの歴史を取り戻し、日本人の名誉と誇りを回復する契機とすることが切望される」と主張していた。さらに、新進党（当時）内にも「正しい歴史を伝える国会議員連盟」（会長・小沢辰男元厚相）が95年2月に結成された。

こうした「終戦50周年国会議員連盟」と「終戦50周年国民運動実行委員会」の活動に呼応して、自民党本部は、94年12月5日、地方の自民党県連に対して不戦決議に対抗するものとして「先の大戦における戦没者への追悼と恒久平和に関する決議（案）」を各県議会単位で採択し、中央にあげるように指示した。「国民会議」と「英霊にこたえる会」は共同して全国縦断キャラバンを実施した。こうして94年秋以降、「終戦50周年国民運動実行委員会」の各地の組織と自民党県連が共同して、地方議会で戦没者に対する「追悼と感謝、英霊を讃える決議」を採択する動きが活発化し、26県議会、90市区町村議会が採択し、署名運動では５０６万人を達成した。

この「終戦50周年国会議員連盟」や「終戦50周年国民運動実行委員会」など右翼勢力の運動が「成功」して、敗戦50周年国会決議は、当初の目論見から大きく外れて、侵略戦争の反省などまったくない内容になった。そうした骨抜きの内容でも、奥野・板垣・安倍など「終戦50周年国会議員連盟」メンバーは採決に棄権した。さらに、同決議は、椛島を中心とした日本会議・日青協の要求による村上正邦などの強い反対のために参議院では可決されなかった。「戦後50年国会決議」が当初の意図に大きく反する内容になったために、村山富一首相（当時）が「村山談話」を出さなければならなくなったといえよう。この「活動」を通じて、安倍は奥野・板垣の指導の下で重要な役割を果たし、右翼運動と右翼議連の連携の重要性を学んだと思われる。

「国民会議」と「つくる会」

歴史認識に関する活動で「国民会議」など右翼勢力がこの時期にとりくんだのは、中学校教科書から「慰安婦」記述を無くせという第３次教科書「偏向」攻撃である。

96年６月28日、文部省は97年度版中学校教科書の95年度検定の一部を公開した。社会科歴史教科書全社に日本軍「慰安婦」が記載された（地理や公民の教科書にも掲載）ことが一斉に報道された。これは、すでに94年版の高校日本史教科書全点に「慰安婦」が載ったことが前提にある。

こうした高校日本史教科書への登場に加えて、前述の「河野談話」を受けて、教科書の執筆者・編集者の努力によって掲載されたのである。

ところが、このことが報道された直後から、右翼団体や右翼的な学者・文化人・漫画家、『産経新聞』をはじめとした右派メディア等によって、「教科書に慰安婦を掲載するのは、自虐史観、暗黒史観、反日史観だ」「教科書から慰安婦記述を削除せよ」というキャンペーンが展開された。教科書会社や執筆者には右翼団体から山のような脅迫状が送りつけられ、教科書会社に右翼の街宣車が押しかけてきた。秋からは、教科書の「慰安婦」や南京事件の削除を求める地方議会決議の請願・日書協の要求による陳情が出され、これに反対する各地の市民・市民組織との間で激しい攻防が行われた。こうして第3次教科書「偏向」攻撃がはじまったが、この攻撃の中心になっていた藤岡信勝、西尾幹二、高橋史朗、小林よしのりなどによって、1997年1月30日に新しい歴史教科書をつくる会（「つくる会」）が発足した。

この第3次教科書攻撃について、「国民会議」は中心的な役割を果たした。「国民会議」は、96年9月7日、「中学校教科書から『従軍慰安婦』の削除を求める国民の声を盛り上げよう！」という「国民運動に関する緊急提言」を発表した。これには、文部大臣の氏名宛先、中学校社会科発行者7社の住所・社長名・電話番号・FAX番号が記載されていた。この「緊急提言」を受けて、この後、右翼団体などから教科書会社や社長あてに要請書や脅迫状が多数送られてきた（拙著『ドキュメント「慰安婦」問題と教科書攻撃』高文研、拙著『教科書攻撃の深層』学習の友社）。

「国民会議」はこの「緊急提言」の後、9月20日から全国縦断キャラバンを開始した。キャラバン隊は、①中学歴史の偏向記述の是正、②夫婦別姓法案反対、③地方自治体の戦争資料館の偏向展示の是正を3大テーマに掲げ、東西2コースに分かれて、北海道から沖縄まで、1か月をかけて全国を縦断し、県庁所在地などで集会を開いて「従軍慰安婦」などの教科書記述の削除運動を呼びかけた。また、機関誌『日本の息吹』や「日青協」の機関誌『祖国と青年』で毎号、教科書の「慰安婦」や南京事件などを攻撃するキャンペーンを展開した。

この「国民会議」に呼応して、連携する国会議員が、「慰安婦」問題や教科書の「偏向記述」をとりあげて「国会論戦」（『日本の息吹』）を展開した。国会質疑などで「活躍」したのは、「終戦50周年国会議員連盟」を96年6月に改組して発足した「『明るい日本』国会議員連盟」（会長・奥野誠亮、事務局長・板垣正、事務局長代理・安倍晋三）に所属し、「つくる会」をバックアップするために97年2月27日に発足した日本の前途と歴史教育を考える若手議員の会（「教科書議連」）を結成する議員たちである。

戦争関係資料館への攻撃

もう一つの歴史認識に関する活動は、全国の自治体などが設置する「戦争関係資料館」の「偏向」展示への攻撃である。

長崎原爆資料館はリニューアルを行った際に、原爆の被害だけでなく南京大虐殺などの加害も含めて展示を行った。これに対して「国民会議」など右翼勢力は、96年4月、「長崎の原爆展示をただす市民の会」を発足させ、「長崎原爆資料館の偏向展示の是正運動を推進」した。この問題は『産経新聞』が大きく取り上げてキャンペーンを展開した。こうした攻撃を受けて、長崎市は7月までに映像や写真、解説文などの削除や訂正を行った。

「国民会議」及び連携する国会議員の要請を受けて橋本龍太郎首相（当時、故人）は、96年6月4日の政府・与党首脳会議で、全国の自治体が設置・運営する平和博物館・資料館の展示内容について調査して取りまとめるように、自治省・文部省などに指示を出した。しかし、役所が動かなかったので、「国民会議」が9月20日から1か月間におこなった全国縦断キャラバンにおいて、日本青年協議会が全国20か所の自治体が設置した戦争関係資料館のうち8か所を実地調査して報告書をまとめた。この報告書は、村上正邦参議院自民党幹事長（当時）が、「自分がまとめた」全国の「戦争博物館に関する調査報告書」として10月18日に公表した。同報告書では、8か所全てで「南京事件や朝鮮人の強制連行が扱われるなど」「問題展示」があるとし、「今月中にも首相に報告し、改善措置を講ずるよう求める」としている（『産経新聞』96年10月19日）。

「国民会議」の機関誌『日本の息吹』（96年10月号）は、「長崎原爆資料館だけではない、自治体による『反日資料館』の実態」を掲載し、「自治体設置による反日資料館一覧」を載せた。そこには、広島平和祈念資料館、沖縄県立平和祈念資料館、堺市平和と人権資料館、川崎平和館、大阪国際平和センター、吹田市平和祈念資料室、埼玉県平和資料館などがあげられ、今後、開館や設置が予定されている、かながわ国際平和館（97年開設予定）、東京都平和祈念館（2000年度開設予定）もやり玉に挙げていた。

また、椛島有三は、この同じ資料を使って、「日青協」機関誌『祖国と青年』（96年11月号）で「青少年を『反日戦争資料館』から護ろう！まかり通る事実わい曲の写真」「恐るべき戦争資料館の実態」と題して、大阪国際平和センター（ピースおおさか）、堺市平和と人権資料館、埼玉県平和資料館、吹田市平和祈念資料館、川崎市平和観などの展示写真・ビデオなどを問題・間違いだと決めつけ、「ニセ展示の一刻も早い全面撤去を要求する」と主張した。

97年3月、大阪に「戦争資料の偏向展示をただす会」が発足し、ピース大阪の展示が「偏向だ」と攻撃して、是正を要求した。これに対して、大阪ではこうした攻撃に反対する市民の運動が展開されたが、同年9月にピース大阪の展示が一部変更される事態になった。

『日本の息吹』（96年8月号）は、「大東亜戦争をいかに伝えるか」を特集し、「大東亜戦争関連資料館全国一覧――これが歴史の真実を伝える資料館だ！」を掲載した。そこには「全国には、国民のため命を捧げた英霊の思いを正しく伝える資料館がある。世代を超えて語りかけてくる日本人の声――。一度は家族で訪ねてみたい資料館だ」のリード文で、北鎮記念館（北海道旭川市陸自旭川駐屯地内）、雄翔館（予科練紀念館、

茨城県阿見町陸自武器学校内）、遊就館（東京都千代田区靖国神社境内）、東白川村平和祈念館（岐阜県東白川村）、教育参考館（広島県江田島町海自第一術科学校内）、知覧特攻平和会館（鹿児島県知覧町）などが紹介されている（住所表示は当時―筆者）。

夫婦別姓反対運動

「国民会議」は、95年12月、「家族の絆を守り夫婦別姓に反対する国民委員会」（代表・渡部昇一等）を設立し、夫婦別姓法案に対する反対運動を全国的に展開しはじめた。96年5月には橋本龍太郎首相（当時）に夫婦別姓反対と靖国神社参拝を要望した。元号法制化や戦後50年国会決議反対運動などで「国民会議」の「得意な」運動になってきた「地方議会決議」運動が取り組まれ、9月末までに261議会で夫婦別姓に反対する地方議会決議がなされた。さらに、夫婦別姓に反対する署名は12月に100万人を突破した。この夫婦別姓反対の運動は、日本会議結成後にますます激しく展開されることになる。

第2章　日本会議と日本会議国会議員懇談会の結成

「国民会議」は、97年3月20日に開催した第14回総会で、5月に、「日本を守る会」と組織を統一し「一体化してより大きな国民運動を展開していく」という「新組織構想」を満場一致で決定した。総会で黛敏郎議長は、「『教科書問題、領土問題、夫婦別姓問題、国籍条項の問題等、現在生起している問題は、我々が国民会議を結成した頃には予想もしなかったこと。日本は戦後第二の危機を迎えている』として、新組織の重大さを訴えた」（『祖国と青年』97年4月号）。

この当時、「日本を守る会」に参加する宗教組織はほとんど「国民会議」にも加盟しており、しかも両組織の事務局長が椛島有三だったこともあって、組織統一はスムーズに進んだと推測される。

こうして、「国民会議」は1997年5月30日に「日本を守る会」と組織統一して、改憲・翼賛の右翼組織である日本会議が誕生した。

1　日本会議とその周辺

「国民会議」は役員なども一見して右翼組織とわかるものが多数だったが（資料8参照）、日本会議になってからは財界人や大学教授などが役員に就任して表面上の右翼色を隠しているものの（資料1参照）、その本質は変わっていない。

初代会長には、「国民会議」の代表世話人だった塚本幸一・ワコール会長（当時、故人）が就任したが、98年6月に死去。その後2年間会長は空席だったが、２０００年6月に日本商工会議所会頭（当時）の稲葉興作（故人）が2代目会長になり（２０００年6月~２００1年12月）、その後、01年12月に三好達・元最高裁長官が3代目を継ぎ、15年4月16日、田久保忠衛（杏林大学名誉教授）が4代目に就任し、三好は名誉会長になった。

事務総長は、97年組織統一当時に両組織の事務局長だった椛島有三（日本協議会会長、日本青年協議会代表）である。副会長は安西愛子（声楽家）、小田村四郎（元拓殖大学総長、靖国神社崇敬者総代）、小堀桂一郎（東大名誉教授）、田中恆清（神社本庁総長）、理事長は男成洋三（明治神宮崇敬会理事長）、事務局長は松村俊明（日本会議常任理事）である。

顧問には、石井公一郎（ブリヂストンサイクル元社長）、北白川道久（神社本庁統理）、鷹司尚武（神宮大宮司）、服部貞弘（神道政治連盟常任顧問）、渡邊惠進（前天台座主、故人）が名を連ねている。

ここに名前を挙げただけでも宗教関係者が14人中7人いるが、代表委員41人中宗教関係者は靖国神社宮司など17人、偕行社・英霊にこたえる会など右翼組織の幹部が4人いる（２０１６年4月28日現在）。

日本会議は結成後に都道府県本部の設立をはじめとした組織体制や専門委員会などの発足をすすめた。新しい憲法を研究し憲法改正を推進するために「国民会議」が95年6月に設置した新憲法研究会（代表・小田村四郎副会長）を継続させ、97年6月に「時局問題や政策課題を検討する『政策委員会』」（代表・大原康男常務理事＝当時）を設置した。99年1月、「日本の正しい姿を世界に発信するため『国際広報委員会』」（座長・竹本忠雄代表委員）を発足させ、２０００年3月に「教育改革を推進する『日本教育会議』」（座長・石井公一郎顧問、主査・高橋史朗「再生機構」理事）を設立した。

この新憲法研究会、政策委員会、国際広報委員会、日本教育会議をはじめ、後述する日本女性の会、日本青年協議会が日本会議の日常的な活動組織として動いている。また、財界人を組織した「日本会議財界人同志会」も設置されているがここでは割愛する。さらに、その時々の「課題」に応じて、様々なフロント組織を立ち上げて活動している。これらについては、この後、問題別の活動を紹介する中で見ていくことにする。

日本青年協議会と日本女性の会

日本会議は日本青年協議会（会長・椛島有三）を「青年組織」としているがそれだけではない。フリージャーナリストの魚住昭によれば、日本青年協議会（日青協）は日本会議の事務局を担い動かしているという（朝日新聞社『Journalism』16年5月号）。

18ページに述べたように、日青協は日本を守る国民会議の発足より10年前、日本会議の設立よりも27年前の1970年11月3日に結成している。日青協の方が日本会議よりも右翼運動の歴史は古いのである。

日青協結成当時の中心メンバーは、椛島有三、衛藤晟一、高橋史朗、伊藤哲夫（日本政策研究センター代表）、百地章、松村俊明（日本会議事務局長）、宮崎正治（日本教育再生機構常務理事）らであり、彼らは現在の日本会議の中心メンバーである。この中で、椛島は日青協の会長として長いあいだ指導し、この日青協の椛島会長と、松村事務局長が日本会議の事務局の活動を担い動かしている。日本会議は毎年、東西2コース（最近は4コースが多い）の全国縦断キャラバンを実施しているが、この縦断キャラバンを担う「行動隊」も日青協の役割である。日本会議の本部事務所と日青協の本部事務所は目黒区にある同じ雑居ビルの同じフロアにある。住所表記は違う号室になっているが、日本会議と日青協の事務所との間に仕切りはなく、ワンフロアの同じ事務所だということである。日青協の機関誌は今も『祖国と青年』である。

日本女性の会は、2001年9月に日本会議の女性組織として設立された。初代会長は安西愛子（日本会議副会長）である。2代目の現会長は小野田寛郎（故人）の妻の小野田町枝である。日本女性の会は、「女性も元気に国づくり」をスローガンに、教育・教科書問題や夫婦別姓反対、男女共同参画反対、自衛隊激励活動などに取り組んできたが、現在は、憲法「改正」を最重点にして各地で女性の「憲法おしゃべりカフェ」を開催している（これについては79ページで後述）。

日本女性の会は結成後間もない01年11月から夫婦別姓反対の国会陳情と国会請願署名活動に取り組み、この署名は4か月後の02年3月に170万人に達し、国会議員署名も117人になった。日本女性の会は翌4月に「夫婦別姓に反対する国民の集い」を開催した。03年10月には「設立1周年の集い」を開催し、「ジェンダーフリー教育問題を提唱」した。以後、夫婦別姓反対や「ジェンダーフリー教育」反対の運動を展開しながら47都道府県での組織づくりに取り組む。06年12月、日本女性の会5周年大会を明治神宮会館で開催（2000人が参加）し、小野田町枝を新会長に選出した。小野田は07年2月から7月まで「女性の結集を訴え、全国47都道府県行脚を実施」した。この取り組みなどによって現在37都府県に47支部がつくられている。

日本女性の会が中心になって結成した「夫婦別姓に反対し家族の絆を守る国民委員会」は2012年3月20日、東京ビッグサイトで「夫婦別姓に反対し家族の絆を守る国民大会」を開催した。一方で日本女性の会は同年11月26日、「女性宮家」問題で百地章を講師に秋の講演会を開催した。

2011年12月8日、「『女性も元気に国づくり人づくり』を合い言葉に、家庭の価値を再評価し、子供に夢と誇りを与える教育の実現を目指して活動してきた」日本女性の会10周年記念「東日本大震災チャリティー講演会」（1800名参加）を明治神宮会館で開催し、小野田寛郎（小野田自然塾理事長）が記念講演を行った。小野田町枝会長は次のように挨拶した。

日本女性の会は、平成13年に結成され、夫婦別姓反対に立ちあがった。日本の家族の絆を破壊する夫婦別姓反対運動は全国に広がり、昨年平成22年、東京ビックサイトで252万名の反対署名を積み上げ反対の大集会を展開。私達の勢いに政府も法案提出を諦め、私達は勝利したのです。しかし、現政権（民主党政権―筆者）では油断は許されません。

大震災から9カ月が経ち、厳しい冬を迎える中で被災者の人達がたくましく生きている姿を見て心が打たれた。私も南三陸町に行って津波にさらわれた町の姿を見た時には、涙が止まりませんでした。微力ながら復興に役立ちたいと誓った。会長に就任して5年。役員と共に全国を隈無く歩き、現在39支部に拡大したのは全国の皆様の温かい情熱の賜です。今の日本には、子供は国の宝という基本的な考え方が欠けている。次代を担う子供たちをたくましく、健やかに育てるのは女性の力、母親の愛情。女性は子供を宿し、生み育てるという神様から与えられた特権があります。子供たちや男性に勇気を奮い起こさせる魔法の力も持っています。その魔法の力で、家庭や地域社会で良い家庭を作るのが「誇りある国づくり」で、それが日本女性の会の役割です。大きな国難の時ほど気高い女性の力が必要。日本国が栄え、さらに誇り高い国になってほしいという一念で会長をお引き受けしていますが、皆様、共に力を合わせて良い国を作ろうではありませんか。

大震災のことは話しても、原発事故については一言もふれないところに原発推進の日本会議の方針が表れている。

日本女性の会の役員は、会長・小野田、副会長・有村治子、伊藤玲子（元鎌倉市議会議員）など、代表委員・市田ひろみ（服飾評論家）、桂由美（ブライダルデザイナー）、運営委員長・植草弘子である。

2　日本会議と皇室

日本会議は、結成後、日本会議国会議員懇談会（「日本会議議連」）と緊密に連携して、憲法・教育基本法改悪、歴史わい曲教科書の採択推進など様々な策動を進めてきた。その多くは「国民会議」時代の活動を継承するものだが、その主なものをいくつか次に紹介する。

皇室敬慕の奉祝運動

98年11月、日本会議は「天皇陛下御即位10年をお祝いする国民の集い」を開催して５０００人が参加（主催者発表）し、政府（小渕恵三内閣）に対して政府主催の「奉祝行事」を要望し、さらに翌99年６月にも小渕首相に「天皇陛下御即位10年記念事業」を要望し、７月に「天皇陛下御即位10年奉祝委員会」（会長・稲葉興作日本商工会議所会頭）を設立し、これに呼応して９月に超党派（自民、民主、公明、保守、自由、社民など）の「天皇陛下御即位10年奉祝国会議員連盟」（会長・森喜朗元首相）が設立されて政府に働きかけた。こうして、11月に政府主催の「天皇陛下御即位10年をお祝いする国民祭典」が開催され（６万人が参加）、天皇が「二重橋にお出ましになりお言葉を賜り」、全国各地でも「盛大な奉祝行事が実施」された。この「奉祝委員会」と「奉祝国会議員連盟」の幹部は、12月に天皇が主催したお茶会に招待されたということである。さらに、２０００年２月にはこの「奉祝運動」を記録した映画「奉祝の灯」を製作し全国上映運動を展開した。

皇太子夫妻に長女が誕生すると、日本会議は２００１年12月、「愛子内親王さまご誕生をお祝いする国民の集い」を開催し、全国各地でも奉祝行事を実施した。02年２月11日の各地の「建国記念の日」奉祝行事でも「愛子さまご誕生をお祝いする行事を開催」した。また、06年に秋篠宮夫妻に長男が生まれた時も、9月に「悠仁親王殿下のお誕生をお祝いする集い」を開催している。

天皇皇后は全国各地を「行幸」しているが、この時には「行幸」先の道府県の日本会議本部が中心になって「盛大な奉迎提灯行列」を実施している。天皇皇后は、05年6月にサイパン慰霊の「行幸」を行ったが、日本会議は、「慰霊奉迎団を派遣し現地で両陛下奉迎活動と慰霊祭を実施」した。

皇位継承問題へのスタンス

2000年代に入って、皇位継承について定める皇室典範を改定して女系天皇を容認するべきか否かという、皇位継承問題が表面化した。これは、1965年に秋篠宮が生まれて以降、皇室に男子が生まれなかったためである。2004年12月27日、小泉純一郎首相（当時）の私的諮問機関「皇室典範に関する有識者会議」（座長・吉川弘之産業技術総合研究所理事長、元東京大学総長）が設置され、「有識者会議」は、05年11月24日、皇位継承について女性天皇・女系天皇の容認、長子優先を柱にした報告書を出した。

こうした動きに対して、日本会議と「日本会議議連」が猛烈に反対運動を展開した。「日本会議議連」は、05年11月2日に総会を開催し、「皇室典範改正問題」について慎重審議を求める決議を行い、11月〜12月、八木秀次（高崎経済大学教授＝当時）、大原康男（国学院大学教授）、百地章（日本大学教授）、櫻井よしこ（ジャーナリスト）などを講師に、皇室典範改正問題の連続学習会を開催した。連携する日本会議は、05年12月の常任理事会で皇室典範改正問題に取り組むことを決定し、06年2月の臨時理事会で皇室典範改正問題の運動方針を決議した。これに基づいて、2月に皇室典範の拙速な改定に反対する緊急集会を開催し、3月には日本武道館で「皇室の伝統を守る1万人大会」を開催、「皇室の伝統を守る国民の会」（会長・三好達）を設立した（3月30日）。これと連携する「皇室の伝統を守る国会議員の会」（会長・島村宜伸、超党派20

1議員参加）も06年10月に結成されている。

こうした動きを受けて、安倍晋三内閣官房長官（当時）は、有識者会議が「男系維持の方策に関してはほとんど検討もせず、当事者である皇族のご意見にも耳を貸さずに拙速に議論を進めたこと」を批判し、「ずっと男系で来た伝統をすぐ変えるかどうか、慎重になるのは当然ではないか」と発言した（フジテレビ）。皇室典範の改正に積極的だった小泉首相は、「日本会議議連」など与党内で慎重論が強まったことを受け、皇室典範改正法案の国会提出を断念した。

06年9月に小泉首相の後を継いだ安倍首相は、10月3日、臨時国会の参議院本会議で「有識者会議」が短期間で女系継承容認の報告書をまとめたことを批判し、「慎重に冷静に、国民の賛同が得られるように議論を重ねる必要がある」と発言した。さらに、秋篠・紀子夫妻に男子が生まれたことを受けて、07年1月、安倍首相は「悠仁親王の誕生により（有識者会議の）報告書の前提条件が変わった」として、「有識者会議」の報告書を白紙に戻す方針を示して、男系による皇位継承維持の方策について政府内で議論を開始すると表明した。

「日本会議議連」は、2012年3月～13年12月、「女性宮家」問題、「皇室制度」問題について繰り返し勉強会を開催した。この時の講師は、八木秀次、谷田川惣（フリーライター）、百地章、竹田恒泰（旧皇族の作家）、市村真一（京都大学名誉教授）、櫻井よしこなどである。

日本会議・「日本会議議連」の女系天皇・皇室典範問題の主張は次のようなものである。

日本は初代・神武天皇以来、万世一系の男系天皇によって皇統が綿々と続いてきた。これが日本の国体であり、女系天皇性を認めれば、この国体が崩れる。女系女性天皇と男系女性天皇は別であり、これを明確にして、女系天皇性は、日本の伝統に反するものであり絶対に容認できない。

この主張はジェンダー問題でもあり、後述する男女共同参画、夫婦別姓、ジェンダー平等教育に対する攻撃（バックラッシュ）と同じ根っこの問題である。

3　日本会議の悲願・憲法「改正」運動

憲法「改正」は日本を守る国民会議結成時からの目的であり、日本会議になってからも最重要課題である。日本会議は、「国民会議」が新しい憲法を研究し憲法改正を推進するために95年6月に設置した新憲法研究会を継続していたが、2001年11月3日、憲法改悪を推進する「21世紀の日本と憲法」有識者懇談会（会長・三浦朱門＝当時、「民間憲法臨調」）を発足させた。「民間憲法臨調」は、日本会議の改憲運動の中心的な組織として、憲法「改正」の「国民運動」を展開してきた。毎年5月3日、11月3日に民間憲法臨調が主催する憲法「改正」をめざす集会（「公開憲法フォーラム」）を開催している（表2参照）。

直近の第18回公開憲法フォーラムについて、詳しく見てみよう。

2016年5月3日、民間憲法臨調は美しい日本の憲法をつくる国民の会（「国民の会」）と一緒に第18回公開憲法フォーラムを、「すみやかな憲法改正発議の実現を！―各党に緊急事態に対応する憲法論議を提唱する―」と題して開催した（1200人参加―主催者発表）。

熊本などの地震被災地をほったらかして外遊中の安倍首相はビデオメッセージで「憲法に指一本、触れてはならない、議論すらしてはならないなどといった思考停止の姿勢に陥ってはなりません。新しい時代にふさわしい憲法を自らの手で作り上げる。憲法改正に向けて、ともに頑張りましょう」と呼びかけた。中曽根康弘（元首相）もメッセージを寄せた。

登壇した下村博文・自民党総裁特別補佐は「憲法9条があるから戦争に巻き込まれずにすんだと、信仰のように感じている方があまりに多い」と主張。緊急事態条項については東日本大震災を例に「国会議員の任

	フォーラム名	開催日時	発言者	備考
第11回	国の安全・独立と憲法9条 —対馬・ソマリアを問う—	2009/5/3	大原康男（民間憲法臨調代表委員）、安里繁信（JC会頭）、櫻井よしこ、西修･山谷えり子（自民党参議院議員）、長島昭久（民主党衆議院議員）・秋山昌廣（海洋政策研究財団会長）、百地章「速やかな憲法審査会の設置と憲法九条改正を求める」	岐阜会場にインターネット中継
第12回	いま、改めて国家を考える！ —現憲法の落し穴—	2010/5/3	百地章、西修、相澤弥一郎（JC会頭）、櫻井よしこ、田久保忠衛（杏林大学名誉教授）、長尾一紘（中央大学教授）、中谷元（衆議院議員）	岐阜会場・鹿児島会場にインターネット中継
第13回	いま、直面する国家的危機から憲法問題を考える！ —領土・大震災の視点から—	2011/5/3	古屋圭司（衆議院議員）、福井正興（日本青年会議所（JC）会頭）、森本敏、勝股秀通（読売新聞編集委員）、石川水穂（産経新聞論説委員）、西修、大原康男、百地章「国民の生命・財産を守る国家の責務を果たすため、緊急事態対処の憲法体制を整備せよ！」	岐阜県・広島県・長崎県に同時中継 11年秋に櫻井よしこが会長に就任
第14回	国会に問う、憲法改正への道筋を！ —安全保障・緊急事態への対処への視点から—	2012/5/3	西修（民間憲法臨調副代表）、後藤素彦（JC会頭）、近藤豊和（産経新聞社編集局編集長）、栗原弘行（尖閣諸島地権者栗原家スポークスマン）、櫻井よしこ（民間憲法臨調代表）、中野寛成（民主党憲法調査会会長）、保利耕輔（自民党憲法改正推進本部長）、平沼赳夫（たちあがれ日本代表）、柿沢未途（みんなの党政調会長）	前日の5月2日、民間憲法臨調は記者会見で「緊急提言　国家の主権を守り、国民の安全を確保するため、国会の憲法調査会は具体的な憲法改正案の検討を開始せよ‼」を発表 各地にインターネット中継
第15回	参議院選挙の争点に憲法改正問題を！ —96条・領土・非常事態—	2013/5/3	櫻井よしこ、中谷元（自民党憲法改正推進本部事務局長）、山田宏（日本維新の会筆頭副幹事長）、江口克彦（みんなの党最高顧問）	「民間憲法臨調緊急提言　憲法改正権を国民の手に—各党に参議院選挙で憲法改正条項の条件緩和問題に対する態度を示すよう要望する」を発表 各地にインターネット中継
第16回	国家のあり方を問う！ —憲法改正の早期実現を—	2014/5/3	浅野一郎（元参議院法制局長）、笹島潤也（JC副会頭）、櫻井よしこ、百田尚樹（作家）、船田元（自民党憲法改正推進本部長）、西修、町田信介	「憲法改正の早期実現を！—国民の声を国会に届けるため、国民運動および地方議会決議の推進を提唱する—」 全国17県の会場にインターネット中継
第17回	憲法改正、待ったなし！	2015/5/3	西修（民間憲法臨調運営委員長）、内田文博（「国民の会」事務総長）、櫻井よしこ（「国民の会」共同代表）、古屋圭司（衆議院憲法審査会幹事）、礒崎陽輔（自民党憲法改正推進本部事務局長）、松原仁（元拉致問題担当大臣）、柿沢未途（維新の党政調会長）、中山恭子（次世代の党）、舞の海秀平（大相撲解説者）、細川珠生（ジャーナリスト）、森本勝也（JC副会頭）	美しい日本の憲法をつくる国民の会（「国民の会」）と共催 全国25会場にインターネット中継

表2

※肩書はすべて当時

	フォーラム名	開催日時	発言者	備考
第1回	「民間憲法臨調」はかく主張する！—提言・憲法改正への視角—	2002/5/3	三浦朱門（作家・日本芸術院長）、佐々淳行（初代内閣安全保障室長）、中西輝政（京都大学教授）、高坂節三（経済同友会憲法問題調査会代表）、坂本多加雄（学習院大学教授）、西修（駒澤大学教授）	
第2回	「民間憲法臨調」はかく提言する！—憲法改正の焦点—	2002/11/3	野沢太三（参議院憲法調査会長）、葉梨信行（自民党憲法調査会長）、櫻井よしこ、村田良平（日本財団特別顧問）、西修、百地章	
第3回	「民間憲法臨調」はかく訴える！—国民の安全をいかに守るか—	2003/5/3	中川昭一（衆議院憲法調査会安全保障小委員会長）、蓮池透（北朝鮮による拉致被害者家族連絡会事務局長）、佐藤勝巳（「救う会」全国協議会会長）、田久保忠衛（杏林大学客員教授）、森本敏（拓殖大学教授）、西修、百地章	
第4回	「民間憲法臨調」はかく訴える！—日本の国家戦略と憲法—	2003/11/2	丹羽春喜（大阪学院大学教授）、市村真一（京都大学名誉教授）、高坂節三（経済同友会憲法問題懇談会委員長）、西修、長谷川三千子（埼玉大学教授）、有本明弘夫妻（拉致被害者家族連絡会）	京都開催
第5回	国会議員に問う！憲法改正の焦点と戦略	2004/5/3	平沼赳夫（衆議院議員／前経済産業大臣）、葉梨康弘（衆議院議員）、西岡武夫（参議院議員／元文部大臣）、松原仁（衆議院議員）、櫻井よしこ	7月、関西憲法臨調設立
第6回	改憲の壮途へ—21世紀日本の確立—	2004/11/7	森本敏、椛島有三（日本会議事務総長）、西修	福岡開催
第7回	衆参憲法調査会長および各党代表に聞く憲法改正問題の現状と方向	2005/5/3	中山太郎（衆議院憲法調査会長）、関谷勝嗣氏（参議院憲法調査会長）、舛添要一（自民党・参議院議員）、鳩山由紀夫（民主党衆議院議員）、中西輝政（京都大学教授）、百地章	
第8回	「民間憲法臨調」はかく訴える！—日本の安全保障と憲法9条—	2006/5/3	高坂節三（前経済同友会憲法問題懇談会委員長）、船田元（自民党憲法調査会長）、櫻井よしこ、石破茂（元防衛庁長官）、武正公一（民主党衆議院議員）、森本敏、百地章	
第9回	「民間憲法臨調」はかく訴える！—憲法改正を政治のステージへ—	2007/5/3	司会・大原康男、奥原祥司（日本青年会議所（JC）会頭）、櫻井よしこ、遠藤浩一（拓殖大学教授）「我が国の歴史・伝統に則った憲法改正の必要性を訴える」、西修（民間憲法臨調運営委員長）「新憲法大綱（案）」、赤池誠章（衆議院議員）「新憲法大綱（案）」（新憲法制定促進委員会準備会）、百地章（民間憲法臨調事務局長）	「新憲法制定促進委員会準備会」（古屋圭司座長）と共催
第10回	緊急提言　国会は『憲法審査会』での改憲論議を急げ！	2008/5/3	西修、櫻井よしこ、葉梨康弘（衆議院議員）、大石尚子（参議院議員）、稲田朋美（衆議院議員）、百地章	

期は憲法に規定されているので、法律で例外を規定できない。緊急事態が起きたら特例で任期を延ばす。誰も反対する理由がないのではないか」と述べた（『朝日新聞』16年5月4日）。

基調講演の櫻井よしこは「国と国民が対立し、国を縛る基本ルールが憲法だという考え方は日本にはなじまない」と立憲主義を否定し、「日本らしさを守る、私たちの憲法をめざさなければならない。各党の最大公約数と言ってもよい、緊急事態条項の新設から出発するのがよいのではないか」と提案した。登壇者の多くが緊急事態条項新設を主張し、発表された声明では、「緊急事態条項が現行憲法にないのは、憲法の根本的欠陥」と断定し、有事に政府の権限を強める「緊急事態条項」の創設を「喫緊の課題」と位置づけ、「改憲発議および国民投票の早期実現」を訴えた。安倍首相・安倍政権・自民党が、改憲の手始めに緊急事態条項をあげていることと軌を一にするものである。「緊急事態条項」は自民党の改憲案には「我が国に対する外部からの武力攻撃、内乱などによる社会秩序の混乱、地震などによる大規模な自然災害その他の法律で定める緊急事態」（第98条）と定めている。何よりも「外部からの武力攻撃」への対処のためであり、首相が「緊急事態」を宣言すれば、法律に基づいて「内閣は法律と同一の効力を有する政令（緊急政令）を制定する」ことができる。内閣が国会審議抜きに人権の制約をはじめ「何でもできる」立法権が行使できる。三権分立や立憲主義を停止して独裁政治が可能になる条項である。

なおその他の登壇者は、下村博文（前文科相、総裁特別補佐官）、松原仁（民進党衆議院議員）、江口克彦（おおさか維新の会議員団顧問）、中山恭子（日本の心を大切にする党代表）、打田文博（「国民の会」事務総長）、原正夫（福島県郡山市前市長）、西修、青木照護（ＪＣ副会頭）、山本みずき（慶応大学法学部学生）、百地章である。

全国28会場にインターネット中継もされた。

日本会議はその他にもこの間、09年12月26日、「ストップ！　外国人地方参政権・夫婦別姓」をテーマに「第1回緊急憲法フォーラム」を開催し、高市早苗（衆議院議員）、山谷えり子（参議院議員）、西修、百地章が発言した（福岡会場・札幌会場にインターネット中継）。10年11月23日にも「第2回緊急憲法フォーラム」「尖閣諸島事件を考える――法と軍事の視点から」を開催し、平松茂雄（元杏林大学教授）、齊藤隆（自衛隊元統合幕僚長）、高井晉（防衛法学会理事長）、西修、大原康男が発言した（札幌会場にインターネット中継）。

安倍政権が集団的自衛権の行使容認を閣議決定した14年7月1日には、これを熱烈に支持する「見解」を発表した。この「見解」全文と閣議決定を紹介する機関誌『日本の息吹』（2014年8月号）には、「『積極的平和主義』で中国覇権主義に対抗。関連法整備の後、いよいよ憲法改正へ！」の文字が躍っている。

以上、「民間憲法臨調」の憲法フォーラムを紹介したが、これが今日の日本会議の改憲運動につながる活動であり、ここに登場する人物たちが日本会議と一体で改憲を推進するメンバーである。2013年12月の第2次安倍内閣の発足以降の、安倍政権と緊密に連携した日本会議・「日本会議議連」による改憲運動については後に詳しく見ることにする。

日本会議は、第2次・3次安倍政権の登場を絶好の機会として、憲法「改正」の「国民運動」を展開し、「憲法改正の早期実現を求める意見書」を地方議会で決議する運動を進めている。その具体化が前述の「国民の会」であるが、これについては後で詳しく見ることにする。

第3章　教育の国家統制を推進する「教育改革」

教育に対する国家統制を強める政府・文科省（文部省）・自民党の政策を、社会の中や国会で推進する活動も、日本会議および「日本会議議連」の重要な活動分野である。

日本会議は結成後間もない97年11月、中央大会を開催し、憲法・防衛問題と共に教育問題を重要課題として訴えた。それにもとづいて、98年4月から、道徳教育の推進と国旗・国歌の法制化問題で国会での議論を展開した。この国会議論を担ったのはいうまでもなく「日本会議議連」であり、同議連は98年5月に憲法・外交・教育の各プロジェクトを設置した。これは、前記の日本会議中央大会の「訴え」に対応したものである。この日本会議と「日本会議議連」が連携した教育問題の取り組みは、その後の教育基本法改悪、教科書検定・採択制度の改悪、道徳教育の強化や「日の丸・君が代」の強制に具体化されることになる。

1　「日の丸・君が代」強制と日本会議

「日の丸・君が代」については、1969年の学習指導要領（以下、指導要領）では、「特別活動」のなかで、「国民の祝日などにおいて儀式を行う場合には、（中略）、国旗を掲揚し、『君が代』を斉唱させることが望ましい」となっていた。77年の指導要領改訂では「君が代」が国歌とされたが、この時までは「望ましい」だった。ところが、中曽根康弘首相（当時）の臨時教育審議会（臨教審）答申を受けて改訂された指導要領では、自民党や右派勢力の意向を受けて、「入学式や卒業式などにおいては（中略）、国旗を掲揚するとともに、国歌を斉唱するよう指導するものとする」となった。ここで「望ましい」が「指導するものとする」という「日の丸・君が代」強制の文言になり、これは現行指導要領も同様である。

このように政府・文部省は、89年の学習指導要領改訂で国旗・国歌について学校での特別活動（特に入学式・卒業式など）で「指導するものとする」として、それまで以上に「日の丸・君が代」の強制を打ち出した。

広島県の校長自殺から「国旗・国歌法」制定へ

各地で「日の丸・君が代」の実施が強制され、90年代を通じて実施率が向上する中で、広島県では教職員組合と教育委員会との間で実施についての協定があり、それを守る現場の教職員・教職員組合の抵抗によって、文部省・自民党の思い通りには進まなかった。こうした広島の教育について、『産経新聞』が97年9月、広島県の教育は学習指導要領に則って行われていない、という記事を掲載し、県議会本会議や文教委員会において、日本会議系の議員が、公立学校の入学式、卒業式での国旗掲揚・国歌斉唱の実施や人権学習の内容等に問題があると主張した。

これを受けて、県教育委員会は98年2月、卒業式、入学式における国旗掲揚・国歌斉唱の実施に際して学習指導要領に則って行うよう、県立学校長及び市町村教育委員会に対して指導を行った。文部省は県の教育長を送り込み、「3点指導」と称する「日の丸・君が代」強制や人権教育・平和教育等に対する「是正指導」に乗り出し、教職員組合や現場教員への弾圧を強めた。

この問題を広島県の現場で推進したのが日本会議広島県本部・日本会議の地方議員であり、それと緊密に連携して国会で「活躍」したのが「日本会議議連」の議員である。その人物は広島県選出、「日本会議議連」メンバーの亀井郁夫参議院議員（当時）である。亀井議員を中心に「日本会議議連」メンバーによって、広島の教育への攻撃が行われた。98年4月、「日本会議議連」の小山孝雄参議院議員が福山市の中学校教員・佐藤泰典を参議院予算委員会に参考人として招いて質疑を行った。佐藤は、「国旗・国歌」の授業を行ったら教職員組合などに糾弾された、中学生に暴力を振るわれたなど、事実をゆがめて、広島の教育がいかに荒廃しているかを発言し、日本会議はこの参考人発言をＤＶＤにして広島県内各地で上映した。

99年2月、卒業式での「日の丸・君が代」実施を強制する県教委と現場の教職員との板挟みにあって、世羅高校の石川敏浩校長が自殺した。これを受けて、「日本会議議連」は、4月の国会で「広島の教育」を集中的に取り上げ、追及して国旗・国歌の法制化を政府に迫り、5月の国会でも国旗・国歌の法制化を求める国会論戦を展開した。

日本会議は機関誌『日本の息吹』（99年5月号）で「特集　国旗・国歌の早急な法制化を―教育現場の混乱と法制化問題―」を掲載して世論喚起と国会論戦のバックアップを行った。「特集」では、大原康男（国学院大学教授＝当時）の「国旗・国歌の早急な法制化を」、編集部編の「『日の丸・君が代』の否定を教わる子供達」、伊藤玲子（鎌倉市議会議員＝当時、現日本女性の会副会長）のインタビュー「教育現場の改善なき教育改革はない」を掲載した。

さらに4月、日本会議の総会で「国旗・国歌の法制化を求める特別決議」を行い、6月4日、日本会議と「日本会議議連」は小渕首相、自民党3役と会見して、国旗・国歌の早期法制化を要望した。

こうした日本会議・「日本会議議連」などの要求を受けて、政府（小渕恵三内閣）は6月11日に「国旗・国歌法案」を閣議決定して国会に提出した。多くの反対があったが、政府は「この法の成立によっても、国民に国旗掲揚、国歌斉唱を強制するものではない」と答弁して採決を強行し、8月9日に法案は可決・成立した。「国旗・国歌法」は、事実上日本会議の運動によって制定された（村上正邦元参議院議員・魚住昭『証言村上正邦　我、国に裏切られようとも』講談社）のである。

日本会議は、『日本の息吹』（99年10月号）で、「総括座談会　国旗国歌法成立の意義と課題」を掲載した。「次代につなぐ悠久の伝統—国旗国歌法成立の意義と課題—」と題した座談会は、大原康男、百地章、高橋史朗が登場し、松村俊明が司会をした。座談会で3人は次のように「勝利宣言」をしている。

高橋　教育界からみると、日の丸、君が代問題と教科書問題は左翼陣営にとって最後の砦なんですね。その一角の日の丸、君が代が崩されたということは心理的にも大打撃だったと思う。

大原　戦後体制を支える二つの柱は日本国憲法と東京裁判史観で、それこそ我々が克服すべきターゲット（中略）。その意味で、国旗・国歌法の成立は、この二つのターゲットに対して有効なクサビを打ち込んだ（略）。

百地　今回あれだけ反対派が騒いだ背景には歴史観、歴史認識の問題と天皇観、国家観をめぐる問題があった。（中略）その戦いに、結果的に我々が勝利したことの意味は高く評価していい（略）。

大原　（略）建国記念の日の制定や元号の法制化などのように、失われたものを回復する運動の流れの中で、今、国旗・国歌法制定、自衛隊法改正、憲法調査会の設置など攻勢をかけ始めている。防衛とともに攻撃にまわるという両輪の動きがここ一年の間に出てきた（略）。

こうして、「日の丸・君が代」を強制するための国旗・国歌法制定に成功した日本会議は、次は「教育基本法の改正」だと位置づけ、教育基本法「改正」運動に全力を傾注するのである。

日本会議は「3点修正」は「政府の公権解釈で修正される」と発表した。

3 日本の教育基本法「改正」はイギリスがモデル？

安倍晋三首相が行った教育基本法「改正」をはじめ、現在「教育再生」の名で強引に推進する「教育改革」のモデルといわれるのが、イギリスのマーガレット・サッチャー政権（1979〜1990年）の教育改革（具体的には88年制定の教育改革法）である。安倍にサッチャーの教育改革を「教授」したのは日本会議であり、それをやったのは事務総長の椛島有三だと推測している。あまり表には出ていないが、安倍の一番のブレーンは椛島だと私は考えている。

2003年3月20日に教育基本法「改正」を答申した中央教育審議会（中教審）の鳥居泰彦会長（当時）は、「改正」世論をつくるために、文部科学省が各地で開催した教育改革フォーラムや総理府が開催したタウンミーティングで、イギリス・サッチャー政権が行った教育改革を賞賛した。2004年6月14日に開催した新しい歴史教科書をつくる会（「つくる会」）を支援する国会議員・地方議員合同シンポジウムで、河村建夫文科相（当時）も「サッチャーの教育改革でイギリスは自虐的な歴史教科書が改善された」と発言していた。さらに、「日本会議議連」メンバーで05年当時の文科相・中山成彬が森派（清和政策研究会）の政策委員長としてまとめて出版した『人づくりは国の根幹です！――教育基本法改正へ五つの提言』に掲載した「国家百年の大計として教育を考える」のなかでサッチャーの教育改革を高く評価していた。日本会議や「つくる会」など教育基本法改悪推進勢力や教科書攻撃勢力も、イギリスの教育改革をモデルのように賞賛していた。

椛島有三は2004年4月にブックレット『教育基本法改正から始まったイギリスの教育改革』（日本会

議発行）を発刊した。この本は、「自虐的な歴史教科書の横行や学力低下などのイギリスの教育荒廃をサッチャー首相は教育基本法を改正（「1944年教育法」から「1988年教育改革法」へ）して見事に再建した」（『日本の息吹』05年1月号）という内容であり、この発刊後に「イギリス教育改革への関心が高まった」（同前）としている。

そこで、「日本会議議連」会長の平沼赳夫と同議連事務局長（当時）の衛藤晟一が協議して、04年9月26日から2週間、自民党の平沼赳夫衆議院議員を代表団長に、自民党古屋圭司・下村博文衆院議員、亀井郁夫・山谷えり子参院議員、民主党の松原仁・笠浩史衆院議員は、「英国教育」調査団を結成して、イギリスにサッチャーの教育改革の調査に行った。これに椛島有三も同行した（『日本の息吹』05年1月号）。『日本の息吹』では、日本会議と「日本会議議連」が調査団を派遣したように読めるが、安倍晋三は「私が幹事長だった2004年秋、自民党は教育調査団をイギリスに派遣した。イギリスの経験がきっと日本の教育改革に活かせると考えたからである」（安倍晋三著『美しい国へ』）と自分が指示して自民党が派遣したと主張している。おそらく自民党が資金を出した調査団ということだろう。

「英国教育調査報告」は、『日本の息吹』（05年1月号）に「サッチャーに学べ―イギリスはいかにして教育危機を克服したか―議員調査団が英国教育を視察」として掲載されている。また、雑誌『正論』（05年1月号）にも、安倍晋三、古屋圭司、下村博文、山谷えり子による座談会（司会・椛島有三）が載っている。

彼らが評価するサッチャー改革について集大成したと思われるのが、前記の日本会議発行の椛島有三著『教育基本法改正から始まったイギリスの教育改革』である。ここではこの本に則して、教育改革法以降、イギリスの教育や教科書がどうなったかを紹介しよう（以下、断りのない場合の引用は前述書から）。

イギリスでは1944年に制定された教育法が40年以上「改正」されないできていたが、サッチャー政権によって88年に「改正」された。椛島は「改正」の中心を次のように紹介している。

（1944年の）教育法の原則、つまり教育内容は教師の自主性に委ねるという考え方を改め……国家が教育内容を決定する。そして、その内容は伝統的価値観の継承を基本とする。……公費維持学校（公立学校および政府から財政援助を受けている私立学校）への教育権は教育大臣にある。……この基本原則を打ち出すことで、偏向教育の問題を解決しようと考えた。

イギリスの教科書はどう変わったか

椛島は1988年の教育改革法によってイギリスの学校教育は「劇的に改善された」「最も劇的な変化は、歴史教科書に見ることができる」と述べている。植民地支配や奴隷貿易を批判・反省する内容から、それらを正当化する内容に変わり、歴史教科書は「イギリス暗黒史からイギリス繁栄史へ」変わり、「自虐史観から解放」されたと主張している。

〈植民地支配〉では、『植民地で肥大化した大英帝国』という描き方が、『植民地支配を行ったのはイギリスだけではない』と変わり、『殺人国家イギリス』が、『植民地支配はインドに恩恵をもたらした』と変わりました。〈奴隷貿易〉では、『強制連行された黒人奴隷』が、『奴隷貿易を行ったのはイギリスだけではない』と変わり、『イギリスの発展の犠牲となった黒人奴隷』が、『リンカーンの奴隷解放宣言より先にイギリスは奴隷貿易を廃止した』と変わりました。〈君主制〉については、『アジア・アフリカの搾取を指示するビクトリア女王』『人種差別を正当化する女王を頂点とする階級社会』という描き方が、『近代国家イギリスの基礎を築いたビクトリア王朝』となりました。

前記の『正論』の座談会では、平沼「英国教育」調査団の目的が歴史教科書にあったことが強調されている。

イギリスの教科書は、日本の検定・採択制度とは本質的に異なり、自由発行で教師が自由に教科書を選べるシステムである。また、教科書の使用義務もない。そこで、1988年教育改革法は「国定カリキュラム」を決め、「義務教育の7歳、11歳、14歳、16歳の4回、全国共通試験を実施し……学力達成目標に到達しない児童・生徒を受け持つ教師及び学校は、その責任を追及される仕組みを設定した」。この「国定カリキュラム」に基づく教科書がつくられ、「全国共通試験」の結果で「教師の責任が追及される」ので、「教科書を採用する教師たちが、国定カリキュラムの趣旨に基づいた教科書を求めるようになった」。その結果、偏向した教科書をつくっても売れないので、教科書会社も「必然的に国定カリキュラムに添った内容の教科書を作らざるを得なくなった」と椛島は主張している。

イギリスの教育はどう変わったか

「小学校（11歳）・中学校（16歳）の卒業試験『国語（英語）』『数学』『科学』の結果は『学校別全国成績一覧』として公表」され、「大手新聞各紙が親や生徒の学校選択の材料となる『学校順位番付』を全国に公表」。この全国共通試験はサッチャー改革で実施された学校選択の自由化とリンクしているので、「番付」が低い学校は「生徒を集めることができず、予算を減らされ、最終的には廃校処分を受ける学校も生まれた」。こうして、新自由主義的改革は、学校をすさまじい競争に投げ込んだということである。

競争させられるのは子どもや学校だけでなく、教員も激しい競争を要求されるようになった。生徒・学校の成績は教員の責任とされ、「教師への賞罰として、①優秀教師へ賞金や賞品を授与（1999年～）、②優秀教師へナイトの爵位を授与（2000年～）、③『不適格教師の扱いに関するガイダンス』を設定し、

2カ月の審査で不適格とされた場合は解雇（2000年～）、④昇進、能力給の導入（2001年～）が、次々に行われている」ということである。これらは日本でもすでに、教育基本法改悪を先取りして東京都をはじめ京都市（賞金の授与）や各地で実施されている。

さらに、親に対して97年にブレア労働党政権によって教育改革法に基づいて「子育て命令」法が制定されたとして、椛島は次のように紹介している。

この法律は、子供を非行や犯罪から守るのは国家でも社会でも学校でもなく、まず何よりも親であるという家族観に立脚して、子供に対する親の義務と責任を次のように示したのです。

(1)罪を犯した少年少女の保護者に対し、通学下校時の同行、夜間の自宅監視を命令する。

(2)命令違反は1000ポンド（約20万円）の罰金刑、罰金滞納の場合は禁固刑。

(3)親は、子供が再び罪を犯したりしないよう、また学校へ毎日登校するようになるまで、（3ヵ月から最長12ヵ月間、（週1回の）カウンセリングやガイダンスへの参加を義務づける。

この「子育て命令」法は不登校にも適用される。2000年5月、「不登校（3ヵ月で6日しか授業を受けなかった）になった15歳の娘の親に対して裁判所が『親が娘を学校に行かせるように努力しておらず親の責任を果たしていない』と判断し、46歳の父親に250ポンド（4万5000円）。母親に150ポンド（2万7000円）の罰金を科した。イギリスでは、不登校の子供を学校に行かせるように懸命に努力する義務が親に課せられている」ということである。

不登校になる子どもの抱えている問題は様々で、それを国家の命令によって、親は無理やり子どもを学校に行かせることが強制されるという事態は、けっして容認できない。それをすばらしいと評価する椛島らに教育を語る資格があるといえるだろうか。

前述の『正論』の座談会で山谷議員は、「私は改正する教育基本法に『伝統文化の尊重』『家庭教育の重要性』『道徳、宗教的情操の涵養』『教育に対する国の責任』を明確にする条項をぜひ入れてほしい」といい、イギリスの「子育て命令」法を高く評価している。

以上のようなことを紹介して椛島は次のように結論を述べている。

「日本の教育基本法改正論議の焦点の一つに『愛国心』の文言を入れるかどうかがありますが、イギリスでは『国家への忠誠心』を誓う教育の導入が始まっている」。「『教育に対する国家の責任と権限の確立』を掲げた1988年教育改革法を制定し、自国への帰属意識を育む歴史教育やキリスト教中心の宗教教育を実施すべく国定カリキュラムの策定に踏み切り」この「法律による一種の『教育革命』が断行されたことによって、歴史教科書が変わり、家庭が変わり、青少年の意識が変わり、国民意識が変わり、労働党もまた大きく変わったのです。教育基本法の改正がいかに大きな影響を与えたかを実感させます」。

もしイギリスがこの本の言うとおりだとすれば、日本において安倍「教育再生」政策がすすめば、子ども、教員、学校、家庭、社会がどうなるか、背筋が寒くなるような状況がよくあらわれている。

4　日本会議の歴史認識と教育・教科書の活動

日本会議は歴史認識の問題でも、「南京虐殺はなかった」「慰安婦はでっち上げ」「中・韓の反日プロパガンダ」「東京裁判は誤り」「首相は靖国神社に参拝せよ」「植民地支配は良いことをした」「大東亜戦争は祖国防衛・アジア解放の戦争だった」などと主張している。そして、毎年2月11日の「建国記念の日」には、東京での「建国記念の日奉祝中央式典」をはじめ、全国各地で奉祝行事や集会を開催している。

こうした歴史認識を学校の教育でも定着させるために、歴史教育・教科書などを「自虐史観」「偏向」などと攻撃し、「新しい歴史教科書をつくる会」（「つくる会」）や日本教育再生機構（「再生機構」）を支援し、各地で育鵬社版・自由社版教科書の採択運動を展開している。中学校教科書の採択の年には、『日本の息吹』に「これが中学校教科書の採点表だ！」など育鵬社・自由社を持ち上げ、それ以外を誹謗・攻撃する記事を毎回掲載し続けている。

また、前身の日本を守る国民会議が、天皇中心の国家体制をつくるための憲法改悪への「思想的潮流の形成」と位置づけ、憲法、防衛、教育を同じ課題として、国家意識＝愛国心を培うために歴史教科書の発刊が必要だとして、１９８６年に発刊した高校用検定教科書『新編日本史』を引き継ぐ『最新日本史』を日本会議の出版部門の明成社から発行している。

前述のように、この教科書は現在４０００冊余しか採択されていないが、日本会議は教育基本法が「改正」され、学習指導要領も改訂されたということで、著作者を大幅に入れ替えて編集した『最新日本史』を２０１１年度検定に申請し、２０１２年３月末に合格した。この『最新日本史』は渡部昇一が新たに編集責任者になり、櫻井よしこ、中西輝政などを執筆者に加えて編集した。渡部自身をはじめ、櫻井も中西も歴史研究者でも歴史教育者でもないが、名前が売れている右翼文化人を多く入れたということだろう。

日本会議は、検定合格後に『最新日本史』の市販本も発行したが、そのチラシには「日本人の誇りを伝える最新日本史」という宣伝文句が謳われている。『日本の息吹』２０１２年８月号・９月号では、渡部昇一と國武忠彦（執筆者、元神奈川県立江南高校校長）、水谷真逸（編修協力者、近江高校教諭）による鼎談「歴史とは誇りである――子供たちに美しい虹を見せよう」が掲載された（近江高校は毎年『最新日本史』を採択している）。この鼎談のリード文には「改正教育基本法下の学習指導要領改訂後初の高校教科書の採択が現在、行なわれている。保守系唯一の高校日本史教科書『最新日本史』の意義と魅力は何か」とある。

表3

第1回	「日本を取り戻す」必要があるのは大人たち自身だ
第2回	親心豊かな日本の親たちは一体どこへ消えてしまったのか
第3回	日本人の性格構造会議と国際誤解の源流
第4回	世界に発信する日本を
第5回	少子化対策のパラダイム転換
第6回	朝日新聞はなぜ日本人を貶めるか
第7回	未婚化を助長する家庭科教科書
第8回	米国内にますます浸透する中韓の宣伝工作
第9回	「慰安婦」授業を受けた在米日本人高校生の悲しみ
第10回	米映画「アンブロークン」の何が問題か
第11回	戦後70年「首相談話」に期待する
第12回	「慰安婦」問題の主戦場、アメリカでの歴史戦を戦い抜け！
第13回	米教科書「慰安婦記述」を糺せ
第14回	日米で公開討論を――米教科書「慰安婦記述」問題
第15回	米教科書、「慰安婦記述」訂正せず
第16回	占領政策を継承し、拡大再生産させたWGIP
第17回	中国、ユネスコ記憶遺産申請の凄まじい中身
第18回	旅先での出会いに感謝――目指せ、「永遠の青年」
第19回	国連女子差別撤廃委員会とユネスコ記憶遺産

こうして日本会議が鳴り物入りで宣伝・採択活動を行ったが、2013年度用のこの年の採択でも『最新日本史』は4630冊で前年の59冊増に終わった。

日本会議は、『日本の息吹』2014年5月号から、高橋史朗の「日本を取り戻す教育」の連載をはじめた。高橋は、「親と自虐史観が自尊感情と感性に乏しい子供たちを生み出した」とし、「世代を超えて広がる日本人の精神的劣化に立ち向かう」「教育を取り戻す」という連載のねらいを書いている。このタイトルは安倍首相の「教育再生」の主張と同じであり、安倍首相の教育政策・歴史認識にアドバイスする企画だと思われる。この連載のねらいは、これまでの連載の各タイトルを見るだけでも明らかである（表3）。

高橋のこの連載は15年10月号で中断していたが、16年5月号から再開した。

5 安倍「教育再生」政策を推進する日本会議

安倍「教育再生」政策を民間で推進しているのが日本会議、日本教育再生機構、新しい歴史教科書をつくる会などの右翼組織であるが、なかでも日本会議は、サッチャー教育改革を安倍に「伝授」した以降も、「日本会議議連」とも連携しながら、安倍政権・自民党の教育政策に情報と方針を提供しつづけている。その具体的な一つが機関誌『日本の息吹』である。

日本会議は、教育基本法が２００６年12月に改悪・施行された翌07年5月号の『日本の息吹』で、「新教育基本法と教育改革　新教育基本法の意義を普及しよう！」を掲載した。そこでは、「昨年末に成立し施行された新教育基本法は、60年ぶりの全面改正で、まさに戦後教育史を画する出来事」と絶賛し、「しかしながら、どこがどう変わったのか、それにどのような意味があるのか、ということについては国民一般はもとより、教育関係者ですら十分に認識しているとは言い難い状況」だとして、その「意義」を次のように4点にわたって解説し、国会答弁を資料としてつけている（解説と国会答弁は略）。

①教育理念が「伝統」「国家」否定から、「伝統継承」と「公共の精神尊重」へと、根本的に変わりました。

②教科書も教育内容も、「愛国心」「道徳」「伝統尊重」へと大きく変わります。

③学校挙げて、いじめや校内暴力に対応すると共に、偏向教育を是正し、地域と親の信頼に応える学校に変わります。

④子供に基本的生活習慣を教えるのは、親のつとめです。家庭で子育てを、行政と地域で支える体制に変わります。

これに続いて、村主真人（民間教育臨調研究員、日本会議政策部員）の「新教育基本法下の教育改革はどのように進められるのか」が載っている。村主は、新教育基本法下で推進される安倍政権の教育改革について、「明治期、占領期と並ぶ『第3の教育改革』となりうる可能性を秘めている」と高く評価した。これを第1回として、この後、村主による「新教育基本法下の教育改革」というタイトルの不定期連載が『日本の息吹』誌上で続いている。不定期連載は、2015年7月号で46回になっている。この連載について第2次安倍政権発足後の表題だけをに紹介しておく（表4）。

連載のタイトルを見ただけでも、安倍政権の教育政策を紹介しながら、それを推進する内容が繰り返し主張されている。

「日本会議議連」は、「新教育基本法の成立に伴う初めての学習指導要領改訂について、中教審答申に新教育基本法の理念が生かされていない」として、2008年1月31日、「日本会議議連」教育刷新委員会（委員長・衛藤晟一、事務局長・赤池誠章）が「民間教育臨調」と共同で会合を開き、文科省の担当者を呼びつけて、「愛国心」「公共の精神」「宗教に関する一般的な教養の尊重」など、「教育基本法の理念に基づいた改訂をするよう申し入れた」。

安倍政権は重点政策の1つに「教育再生」を掲げている。安倍政権の「教育再生」は、「戦争をする国」「強い国・日本」の担い手に子どもを育成するものである。

安倍政権は、「教育を取り戻す、再生する」といっているが、いったい何から「取り戻す」というのか。もともと教育を壊してきたのは、第1次安倍政権をはじめ歴代の自民党政権である。その反省のないままに「取り戻す」「再生する」といっても、それは子どものための教育の実現ではなく、国家・国益のための教育を推し進めようとするねらい以外の何ものでもない。

表4

2013年3月号	第22回	教育再生実行会議スタート第一次安倍政権との違いは何か
2013年4月号	第23回	いじめ対策の中での「道徳教育」――「教科化」は実現するか
2013年5月号	第24回	“安倍教育改革”が目指す戦後教育のレジームチェンジ
2013年6月号	第25回	再生実行会議、教育委員会廃止を提言――首長の権限を強め、無責任体質改善へ
2013年7月号	第26回	自民党に「教科書検定特別部会」設置――教科書制度改革は進むか
2013年8月号	第27回	文科省、道徳教育の見直し進める
2013年10月号	第28回	検定をすり抜けた教科書を審査するのは採択権者の責務
2013年11月号	第29回	学習指導要領を逸脱した「はだしのゲン」「学校図書館ガイドライン」の策定を
2013年12月号	第30回	文科省、八重山教科書採択で「是正要求」
2014年2月号	第31回	揺らぐ教育委員会制度改革「隠蔽」「責任不在」の行政を改めるために
2014年3月号	第32回	改訂「教科書検定基準」告示される――教科書記述はどこまで改まるか
2014年4月号	第33回	「領土」「自衛隊」指導要領解説書見直し――今年の教科書検定から反映へ
2014年5月号	第34回	[教科書採択]竹富町、是正要求を拒否　政府は「無償措置法」改正案を上程
2014年6月号	第35回	教育委員会制度改革案、国会へ法案提出――制度が内包した「責任」の不明確さ
2014年7月号	第36回	学校教育は自治事務で十分か――地方分権改革がもたらした弊害
2014年8月号	第37回	注目される人格教養教育議連の設立――人格教育で学校・家庭・地域の連携を図る
2014年9月号	第38回	総合教育会議で首長と教委の連携を――統一地方選は教育を争点に
2014年11月号	第39回	護憲派が悪用する憲法学習――国民投票法改正の陰で
2014年12月号	第40回	道徳の指導要領先行改訂へ――教科書導入へ向け、内容を再構成
2015年1月号	第41回	文科相、指導要領改定を諮問――「英語」小学校導入への疑問
2015年2月号	第42回	高校「日本史必修化」はなるか――必修化へ向けたハードル
2015年4月号	第43回	一宮市教委、仁徳天皇を否定？――天皇への理解と敬愛を育む教育を
2015年5月号	第44回	選挙権年齢18歳へ引き下げへ――政治的中立性は確保されるか
2015年6月号	第45回	道徳学習指導要領、前倒し告示――パブリックコメントに6000件
2015年7月号	第46回	教科書検定結果公表――指導要領が変われば教科書が変わる

※これ以降は16年5月号まで掲載がないが、これは「女性の憲法おしゃべりカフェ」などに誌面を使っているためと思われる

第４章　草の根保守運動

１　美しい日本の憲法をつくる国民の会がすすめる１０００万人署名運動

初詣でにぎわう神社の境内で、今年は異様な光景がみられた。全国各地の神社の境内、売店やお賽銭箱の横に、「憲法改正」をめざす「私は憲法改正に賛成します」という署名用紙が置かれ、参拝客に署名を呼びかけていたのだ。

これについて、ジャーナリストの梶田陽介がウェブサイトにレポートを載せている。また、『東京新聞』や『赤旗』の記者も取材ルポを報道しているが、以下に梶田のレポートを紹介する。

まず、筆者が出かけたのは、東京港区の乃木神社。明治天皇崩御に際し殉死した乃木希典将軍を祀ったこの神社は、参拝客でごったがえしていたが、入り口に足を踏み入れると、たちまち、「誇りある日本をめざして」「憲法は私たちのもの」などと書かれた奇妙なのぼり旗が目に飛び込む。さらにその付近に設置されたテントでは、額縁に入った櫻井よしこ氏のポスターが鎮座！「国民の手でつくろう美しい日本の憲法」「ただいま、１０００万人賛同者を募集しています。ご協力下さい」なる文言とともに微笑む櫻井氏に、新年からめまいを覚えたが、そこにはＡ４の署名用紙と箱が置かれていた。

職員に聞いてみると、この署名活動は、何も乃木神社のみで行われているわけではないという。実際、乃木神社の近くにある赤坂氷川神社にも行ってみたのだが、やはり、門には櫻井氏のポスターが貼られ、本殿前の賽銭箱のすぐそばには例の署名用紙と箱が置いてあった。多くの参拝客はスルー状態であったが、それにしても、初詣のなごやかな雰囲気からすると完全に〝異物〟である。

結局、その後、区をまたいで都内神社を計10社ハシゴしてみたところ、実に4社の境内でこの〝署名ブース〟の存在が確認できた。

ネット上でも、全国各地の神社で署名活動の目撃情報があがっている。かなり広範囲の運動であることは間違いなさそうだ。

さらに、聞き込みを進めていくにつれ、この署名活動は、組織ぐるみ、全国規模で行っていることが明らかになった。

「署名は神社庁が決めて、神社界全体で、全国的にやっていることです。すべての神社が神社庁に所属しているわけではないので、署名をしていないところもあるでしょうが。いつまで続けるのか？　お正月は参拝される方が多いので、ひとまずの間は、というところですかね」（都内神社職員）

署名用紙をよく見てみると、クレジットには「東京都神社庁」とある。これは「神社本庁」の地方機関だ。神社本庁とは全国約8万社の神社を統括し、〈祭祀の振興と神社の興隆、日本の伝統と文化を守り伝えること〉を目的とする組織（神社本庁ＨＰより）。

実際、また、別のある区の神社職員はこう語ってくれた。

「神社庁のほうで決まったことで、区の神社の会合で話し合ってやることになりまして。秋には1万人の集会がありましたしね」

この職員がいう昨秋の「1万人の集会」というのは、11月10日に日本武道館で開かれ、本サイトでもその模様をレポートした「今こそ憲法改正を！1万人大会」という〝改憲大集会〟のことを指すと推察される。（梶田陽介）

この改憲を推進する署名は一部の神社の取り組みではない。全国約8万社の神社を束ねる宗教法人・神社本庁は、「『美しい日本の憲法をつくる国民の会』の運動の一環として、各神社が実情に合わせて署名集めをしている」（『東京新聞』２０１６年1月23日付）といっている。神社本庁の指示に基づいて、都道府県の神社庁が管内の神社に指示して署名集めをしているのである。しかも、正月だけでなく、現在もこの署名集めは行われている。

なお、神奈川県を中心に日本会議について取材し何回も報道してきた『神奈川新聞』田崎基記者は、この署名をやっている神社は一部だといっている（『Journalism』16年5月号）。しかし、全国的な調査・取材は行われていないので、一部か否かは不明である。

この問題について『毎日新聞』（16年5月4日付）によると、「署名活動の現場を取材すると地域に根づく神社と氏子組織が活発に動いていた」ということである。福島県二本松市の隠津島神社では、安部匡俊宮司が正月の氏子総代の集まりで「占領軍に押しつけられた憲法を変えなければいけない」と話して、約30人の総代に「国民の会」の署名用紙を配り、「各戸を回って集めてほしい」といった。安部宮司は毎日新聞の取材（16年3月）に「福島県神社庁からのお願いで県下の神社がそれぞれ署名を集めている。総代が熱心に回ってくれた集落では集まりがよかった。反対や批判はない」と話した。「隠津島神社の氏子は５５０戸２０００人で世帯主を中心に３５０筆集めたという」。

①前文…美しい日本の伝統文化を明記しよう
②元首…国の代表は誰かを明記しよう
③九条…平和条項とともに自衛隊の規定を明記しよう
④環境…世界的規模の環境問題に対応する規定を
⑤家族…国家・社会の基礎となる家族保護の規定を
⑥緊急事態…大規模災害などの緊急事態対処の規定を
⑦96条…憲法改正へ国民参加のための条件緩和を

リーフにあるこの7つの表題と説明文は、前述の13年11月の日本会議の全国代表者大会で三好達が「私どもは7つの改憲テーマを掲げております」と主張し、その時に日本会議名で発行した「憲法改正の国民的論議を！」と題した「憲法改正啓発チラシ」と全く同じものである。これも「国民の会」が日本会議の組織だという証明でもある。

「設立宣言」は、「憲法改正手続きを定めた『国民投票法』が改正され、国会が憲法改正を発議し国民投票を実施するための条件は整えられた」とし、「私たちは、国会が発議可能な議席数を確保しているこの2年の間に改憲の発議がなされ、平成28年の参議院選挙にあわせて国民投票が実施されることを目指して、以下の活動を開始する」として、次の3つの活動を提起している。

一、憲法改正の早期実現を求める国会議員署名及び地方議会決議運動を推進する
一、全国47都道府県に「県民の会」組織を設立し、改正世論を喚起する啓発活動を推進する

日本会議作成のリーフレット

「国民の会」がすすめる署名の「憲法改正」の内容には具体的なものはなく、「憲法の良い所は守り、相応しくなくなった所は改め……」などあいまいで、ソフトな表現で書かれている。しかし、「国民の会」・日本会議がめざす改憲は自民党の改憲案とほとんど同じである。それを隠して署名を集めているのである。

「国民の会」の賛同署名や「憲法改正」の啓発運動を具体的に担って推進するのは、日本会議の都道府県本部と地域支部、日本会議地方議員連盟（「地方議連」）参加の議員、日青協、日本女性の会などである。

日本会議は、「国民の会」の活動を具体化するために、「憲法改正の早期実現に向けて」「ブロック（北海道・東北、関東、北陸、東海、近畿、四国、中国、九州）大会」の開催を進め、「国民の会」共同代表の櫻井や田久保などを講師に14年12月末までに全ブロックで開催した。このブロック大会を受けて「国民の会」は、15年11月3日までに47都道府県に「美しい日本の憲法をつくる○○県民の会」をつくり、各地で「憲法改正」を訴える街頭宣伝と署名活動を展開している。さらに、「賛同者拡大推進委員」制度を導入して「1000万人賛同者拡大運動」を進めている。

「推進委員」の役割は、「①日頃から憲法改正の世論喚起に努める、②30人以上の憲法改正賛同者を拡大する、③国会発議後に拡大した賛同者に憲法改正案への賛成投票の声かけ運動を推進する」というものである。また、「憲法改正運動基金」（1口5000円）への協賛も募集している。これらの組織づくりや署名活動を担っているのが、日本会議の県本部・支部・日本女性の会などである。

「最後のスイッチ」

「国民の会」の設立総会には、「日本会議議連」メンバーの衛藤晟一参院議員（首相補佐官）、平沼赳夫衆院議員（次世代の党）、松原仁衆院議員（民主党）、松沢成文参院議員（みんなの党）（国会議員の肩書などは当時、以下同じ）が出席して挨拶している。その中で、衛藤晟一首相補佐官が、「最後のスイッチ」と題して次のような重大な発言をしている。

最後のスイッチが押されるときが来た。自民党は結党以来、憲法改正を旗印にしてきたが、平成5年に自民党が政権を失ったとき、綱領から自主憲法制定をはずすべきだとの提案がなされ、そのときに故・中川昭一氏や安倍総理など若手10数名が党綱領検討委員会30名の中に入り込んで侃々諤々の議論をした。憲法改正を降ろすのであれば自民党なんてやめるべきだなどと議論した結果、「これからの時代にふさわしい憲法をつくる」ということで決着した。そしていま、そのときのメンバーが中心となって第二次安倍内閣をつくることに成功した。すなわち、安倍内閣は憲法改正の最終目的のために成立したといっても過言ではない。
衆院が任期満了、かつ参議院選挙が行われる平成28年のそのときまでにわれわれが憲法改正を実現する状況をつくるかどうか、その一点につきる。

（『日本の息吹』14年11月号）

衛藤は、この時にはまだ14年末の解散・総選挙は予想していなかったようであるが、2年後の16年の参議院選挙時に「憲法改正の国民投票」を実施し、50％以上の賛成で「憲法改正」を実現する、そのような状況をつくるうえで、「国民の会」が果たす役割の重要性を強調した。
この衛藤がいう1993年のことについて、安倍も『安倍晋三対論集』や『美しい国へ』への中で語っているので以下に紹介しておく。

安倍にとっては、改憲は岸の孫である政治家としての存在意義にかかわることである。だから、自民党が社会党（当時）と連立政権を組んで村山富一内閣が誕生した後、河野洋平（衆議院議長）が自民党総裁の時に、自民党は党の理念や綱領を見直すとして、「自由民主党新宣言」（案）を作成した。その「新宣言」（案）には、自民党の結党以来の「党是」である「自主憲法制定」が入っていなかった。そこで、安倍たちが活躍して、「21世紀に向けた新しい時代にふさわしい憲法のあり方について、国民と共に論議をすすめていきます」という文言を入れることになった。それについて安倍は、「党の新綱領委員会で私や中川昭一さん、衛藤晟一さんらが大反対して、何とかそこまでの復活をさせました」と自慢している。そして、「2005年、立党50年に合わせて制定される綱領では『私たちは近い将来、自立した国民意識のもとで新しい憲法が制定されるよう、国民合意の形成に努めます』という表現で、10年ぶりに『憲法改正』が復活します」と、祖父や父の遺志を自民党綱領に盛り込めた自分の活躍を述べている。

（拙著『安倍晋三の本性』金曜日より）

3　今こそ憲法改正を！1万人大会

「国民の会」は、15年3月19日、「平成27年度総会」を開催した。総会では、櫻井よしこが基調講演を行い、「なぜ憲法改正が必要なのか」を啓蒙する映画を百田尚樹が担当して制作すると発表した。総会には、古屋圭司（衆議院憲法審査会幹事）、平沼赳夫（次世代の党党首）、渡辺周（民主党）、馬場伸幸（維新の党）、打田文博（「国民の会」事務総長）、小川和久（軍事ジャーナリスト）などが登壇・発言した（肩書などは当時）。

「国民の会」は、15年11月10日、日本武道館で「今こそ憲法改正を！1万人大会」を開催し、全国から1万

1300人が参加した（主催者発表）。櫻井よしこが主催者で挨拶し、安倍首相は自民党総裁としてビデオメッセージ（8ページ参照）を寄せ、これが壇上の大型スクリーンに映し出された。

大会では、「国民の会」が進めている「美しい日本の憲法をつくる1000万人賛同署名」が445万2991人、国会議員の賛同署名は超党派で417人（日本会議地方議員連盟のHP（「草莽崛起」）には422人となっている）、地方議会決議は31都府県議会になった、署名を推進する「県民の会」が47都道府県に結成されたと報告された。地方議会決議は、16年5月16日現在、33都府県議会、53市区町村議会になっている。

「国民の会」は、憲法改正ドキュメンタリー映画（DVD、非売品）「世界は変わった　日本の憲法は？」を製作して各地で上映している。この映画は、総指揮：百田尚樹、監修：櫻井よしこ・百地章、語り：津川雅彦でつくられている。

翌年も、「国民の会」は16年4月6日、「平成28年度総会」を開催した。下村博文、馬場伸幸衆議院議員（おおさか維新の会）が挨拶を行い、櫻井よしこが「今こそ憲法改正のタイミングだ」と挨拶し、内田文博事務総長が運動方針を提案し、「現在607万名に達している憲法改正賛同者をさらに1千万名まで伸ばしていくことが確認された」（『日本の息吹』16年5月号）。前述のように16年5月3日に「民間憲法臨調」と共催で開催した公開フォーラムで、この署名は700万2501人になったと報告された。

4　「憲法おしゃべりカフェ」

日本会議は、改憲運動を草の根で広げる活動として、特に女性を対象に全国各地で「憲法おしゃべりカフェ」を開催している。この活動を担っているのは「日本女性の会」や「国民の会」の各地のメンバーである。

その活動のために、2種類のブックレットを発行して女性や市民の中に改憲支持を広げようとしている。『女子の集まる憲法おしゃべりカフェ』（文章版、2014年発行）と『まんが、女子の集まる憲法おしゃべりカフェ』（まんが版、2015年発行）である。どちらも監修・百地章、編集・明成社である。『日本の息吹』掲載の広告には、「文章版」は「女子の声から生まれた超わかりやすい憲法の本♪／・えっ⁉日本は地震大国なのに憲法に『非常時のルール』がないの⁉／・えっ⁉今の憲法って『家族崩壊』の要素を含んでいるの⁉／・えっ⁉憲法9条って日本だけのものじゃないの⁉／・えっ⁉横田めぐみさんが拉致されたのは憲法のせい⁉」とある。「まんが版」の方は、「憲法がわかる！まんがでわかる！／・地震や火山の噴火が多くて心配。日本は大丈夫？／・憲法を変えたら戦争になるの？／『集団的自衛権』って何？／今こそ日本の憲法をつくろう！」である。

日本会議が作成したチラシには、まとめ買いには割引するとし、表には「一人10冊の購入で憲法改正を実現しましょう！」として、イラスト入りで、「お友達と本をお供に有意義なひととき。本を輪読しても楽しい♪」「年賀状のお付き合いの方、遠くにお住まいのお友達へのプレゼントに！」「学校・図書館へ寄贈」「ご親戚の集まりでご紹介♪みんな読んでみてくれ！」「10冊も本を配るあてはないけど、5千円くらいなら出しますよ――寄付によって活動に貢献しています」「様々な人たちが本書によってつながっています！」などと書かれ、これらのイラスト・言葉がまん中の「憲法改正」の言葉に矢印でつながる構図（つまりこれらが「憲法改正」の実現につながるという表現）である。

裏面は、前者が「9条はもちろん家族条項なども入った文章版」、後者は「9条など安全保障に特化したまんが版」という説明があり、次のような読者の「声」が載っている。

『女子の集まる憲法おしゃべりカフェ』
『まんが　女子の集まる憲法おしゃべりカフェ』を活用して
今、一人から出来る
憲法改正運動が広がっています
この本、とっても分かりやすいよ！
『女子の集まる憲法おしゃべりカフェ』（文章版）
百地章／監修
明成社／編集
『まんが 女子の集まる憲法おしゃべりカフェ』（まんが版）
百地章／監修
明成社／編集
一人10冊の購入で
憲法改正を実現しましょう！
年賀状のお付き合いの方、遠くにお住まいのお友達へのプレゼントに！
お友達と本をお供に有意義なひととき。本を輪読しても楽しい♪
憲法改正
ご親戚の集まりでご紹介♪
学校・図書館へ寄贈
十冊も本を配るあてはないけれど、五千円くらいなら出しますよ。
やる気満々！本があれば拡散します！
様々な人たちが本書によってつながっています！
寄付によって活動に貢献しています。
本をどんどん伝えていきます！

あなたのご協力で憲法改正を実現する
1000万賛同者のネットワークを！
「賛同者拡大推進委員」
にご就任をお願いします
美しい日本の憲法をつくる国民の会

あなたのご協力で、
憲法改正を実現する
一千万人賛同の輪を！
美しい日本を
子供たちへ
美しい日本の憲法をつくる
国民の会
◎共同代表
櫻井 よしこ ジャーナリスト
田久保 忠衛 杏林大学名誉教授
三好 達 日本会議会長

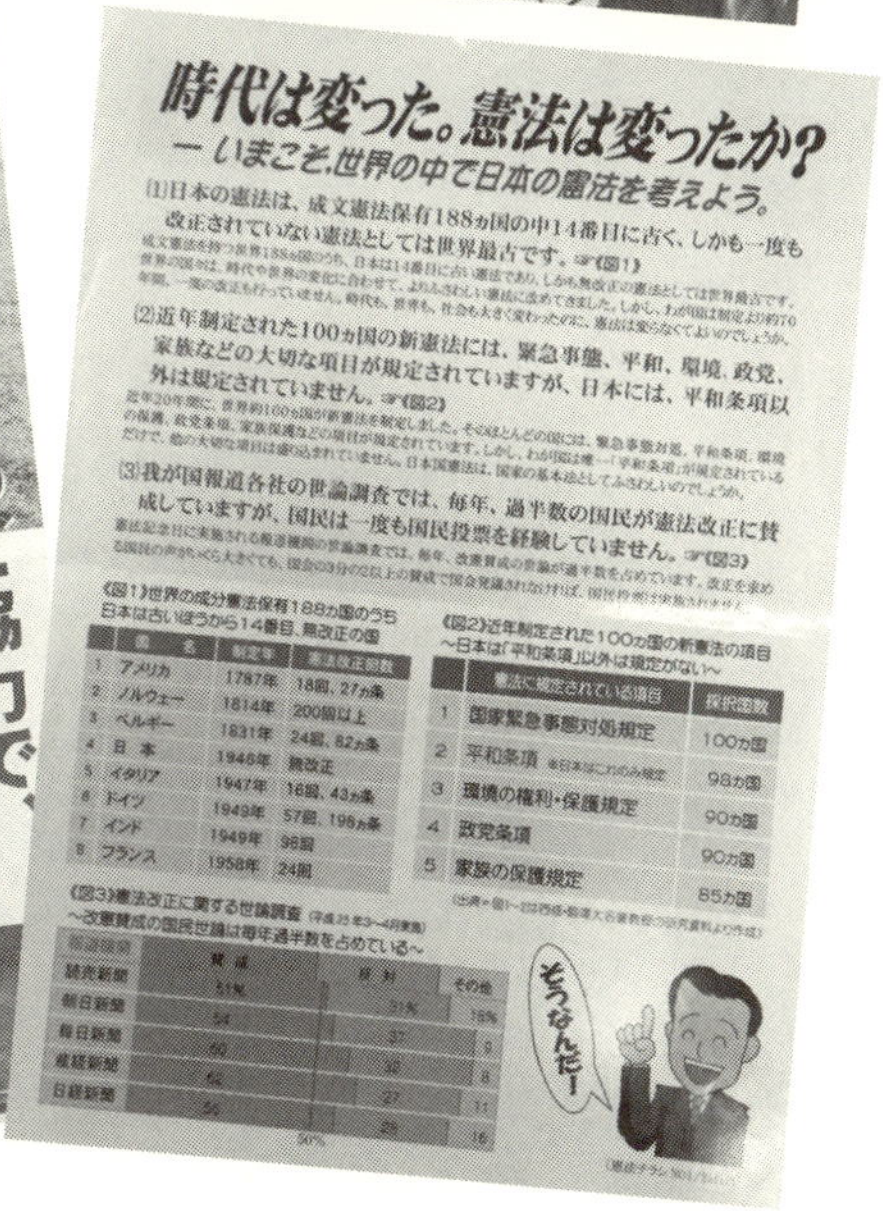
時代は変った。憲法は変ったか？
ー いまこそ世界の中で日本の憲法を考えよう。
(1)日本の憲法は、成文憲法保有188ヵ国の中14番目に古く、しかも一度も改正されていない憲法としては世界最古です。
(2)近年制定された100ヵ国の新憲法には、緊急事態、平和、環境、政党、家族などの大切な項目が規定されていますが、日本には、平和条項以外は規定されていません。
(3)我が国報道各社の世論調査では、毎年、過半数の国民が憲法改正に賛成していますが、国民は一度も国民投票を経験していません。
《図1》世界の成分憲法保有188カ国のうち日本は古いほうから14番目、無改正の国
1 アメリカ 1787年 18回、27ヵ条
2 ノルウェー 1814年 200回以上
3 ベルギー 1831年 24回、62ヵ条
4 日本 1946年 無改正
5 イタリア 1947年 16回、43ヵ条
6 ドイツ 1949年 57回、196ヵ条
7 インド 1949年 98回
8 フランス 1958年 24回
《図2》近年制定された100カ国の新憲法の項目〜日本は「平和条項」以外は規定がない〜
1 国家緊急事態対処規定 100カ国
2 平和条項 98カ国
3 環境の権利・保護規定 90カ国
4 政党条項 90カ国
5 家族の保護規定 85カ国
《図3》憲法改正に関する世論調査
〜改憲賛成の国民世論は毎年過半数を占めている〜
読売新聞
朝日新聞
毎日新聞
産経新聞
日経新聞
そうなんだ！

日本会議作成のチラシ

友達に本を貰いました。この本を読んで、初めて憲法改正しないといけない理由がわかりました！「徴兵制になる！」とか「戦争になる！」とか言われて怖かったけど、むしろ今の憲法のままでいることのほうが危険であると思いました。（熊本・女性）

横田めぐみさんのような13歳の少女の人生さえ守れなかったのが今までの日本であり、今ある「平和」は、拉致被害者やそのご家族の犠牲の上にあった偽りの平和だということに、この本を読んで気付きました。（福岡・女性）

とても分かり易いです。私は、憲法についてはうまく話せません。だからこの本を渡して代わりに読んでもらいます。（東京・女性）

タイトルに「女子」と書いてあるから最初、抵抗があったけど。男性もぜひ読むべき。憲法改正をどう伝えていけばよいか分からなかったが、この本を読んでそれがよくわかった。街頭活動などにも利用している（沖縄・男性）

日本会議はこの活動が改憲運動にとって大いに役立つと考えているようで、機関誌『日本の息吹』の2015年10月号から誌上で「女性たちの憲法改正を語る！憲法おしゃべりカフェ」（2ページ）を掲載している。そこには次のようなリード文が書かれている。

「『憲法改正なんて難しくてよくわからない。何となく反対～』なんて多くの女性が考えていると思ったら大間違い！　憲法改正のために行動する女性は全国各地にいるんです！　当店には、そんな女性たちが集まって連日大賑わい」

この連載の第1回（15年10月号）の登場人物は、日本女性の会の役員の宇都宮千佳子と植原公子。「ここがポイント①　日本の憲法には『自衛隊』の記載がどこにもないのが問題」として、憲法9条の1項と2項が載っている。また、15年11月号には「まんが　女子の集まる憲法おしゃべりカフェ」（くわのひとみ）と題したまんがが載っている。

第2回（15年12月号）は日本会議大阪女性の会事務局の丸山美和子が大阪での活動状況を話している。「ここがポイント『おしゃべり憲法カフェ』でよくある感想ベスト3／1位『知らなかった‼』日本が置かれている状況であり、現憲法の成り立ちであり、『知らなかった！』という声が断トツの1位。／2位『報道がすべて正しい訳じゃないのね』忙しい主婦はどうしても情報源がお茶の間からになってしまうのが特徴。これからの時代は、自ら情報を得る意識も必要なのかもしれません。／3位『憲法を変えると戦争になると思っていました！』護憲派の常套句『9条変えたら戦争になる』論。真実は、『9条変えなかったら戦争のリスク高まる』……ですね」

第3回（16年2月号）は日本会議神奈川女性の会事務局の椛島雅子が登場して神奈川県内での改憲運動について語っている。この回には「ここがポイント」はない。

第4回は（16年3月号）「佐賀編」「自分の言葉で憲法を語ろう！」で、日本会議佐賀女性の会の熊谷美加が県内各地で開催している「和ごころカフェ」について語っている。今回は「ここがポイント」に代わって「〝憲活〟のス、メ」というのが載っている。「日本の憲法を知る、話す、考える〝憲活〟。気軽に始めてみませんか。①憲法は、実は私たちの生活に直結&密着している（説明は略、以下同じ）／②みんな本当のことを知りたい／③大事なことは女性が決める」。

第5回は（16年4月号）「岐阜編」「歌とコーヒーと、面白い話」で、「岐阜の憲法カフェの発起人の一人であり『憲法おしゃべりカフェ実行委員会』の運営を支える白橋美智子」が登場人物で「岐阜の憲法カフェは〝毎月開催・オール手作り・全員が楽しむ〟の3つがモットー」などと紹介している。

第6回は（16年5月号）「熊本編」「いつでも・どこでも・誰とでも」「美しい日本の憲法をつくる熊本女

表5

都府県議会	宮城、秋田、山形、栃木、群馬、茨城、千葉、埼玉、東京、神奈川、新潟、富山、石川、福井、岐阜、静岡、京都、大阪、兵庫、和歌山、岡山、山口、徳島、香川、愛媛、高知、福岡、佐賀、長崎、熊本、大分、宮崎、鹿児島
市区町議会	茨城県（常総市）、千葉県（酒々井町）、埼玉県（久喜市）、東京都（荒川区・日野市・小笠原村）、神奈川県（横浜市・川崎市・横須賀市・藤沢市・茅ヶ崎市・逗子市・大和市・海老名市・座間市・秦野市・伊勢原市・小田原市・厚木市・愛川町・寒川町・箱根町）、富山県（富山市・滑川市・立山町・入善町・舟橋村）、石川県（羽咋市・七尾市・内灘町）、京都府（綾部市）、大阪府（大阪市・和泉市）、奈良県（田原本町）、愛媛県（松山市・今治市・四国中央市）、福岡県（大川市・行橋市・春日市・糸島市・川崎町・遠賀町・篠栗町・芦屋町・大木町）、佐賀県（佐賀市・鳥栖市）、長崎県（佐世保市・大村市・対馬市）、熊本県（合志市・多良木町・菊陽町）

性の会で『なでしこカフェ』の副運営委員長をつとめる諸熊由美」が登場人物で、「熊本の女性は、男性の『肥後もっこす』に対して『肥後猛婦』と呼ばれるほど、情に厚く意志が固いといわれているニャ。熊本の女性らしい活動が今回の見どころニャー」という紹介で活動を報告している。

日本会議はさらに改憲運動の学習テキストとしてDVDを3種類（各1500円＋税）制作して活用している。「誰にでもわかる憲法改正の話VOL．1」は企画・解説が百地章、内容は「憲法に天皇の元首規定を／日本の平和を守るため、『9条2項』の改正を／憲法に『家族保護』を明記し『家族の絆』を」である。「誰にでもわかる憲法改正の話VOL．2」は企画・解説が大原康男、内容は「歴史・伝統を踏まえた憲法前文を／国民常識にそった政教分離規定を」である。もう一つは、「誰にでもわかる憲法改正の話　落語編」で、落語家の桂副若が「『前文』『緊急事態条項』『家族保護』の三つのテーマで、現憲法の問題点を笑わせながらバッサリと斬り捨てます」という内容である。

国会議員署名、地方議会決議

この他にも日本会議は第2次安倍政権の誕生後、政権の改憲の動きと連動して憲法改正の早期実現を求める国会議員署名にとりくみ、署名議員は14年11月18日現在380人になっていた。衆議院解散・総選挙後の再署名で15年11月21日現在４２２人である。

また、自民党や日本会議・地域支部・「地方議連」によって、国会に憲法改正の早期実現を求める地方議会決議も取り組まれているが、16年6月10日現在、33都府県と54市区町村で意見書が可決されている（表5）。なお、「地方議連」による「辺野古移設賛同地方議員署名」は、２０１５年2月16日現在１８１２名（２３１議会）になっている。

5　戦争法（安保法制）を推進する日本会議

戦争法案に対する市民・学生などの反対運動が大きく広がり、国会審議が長引いて成立が危ぶまれる状況が高まる中で、日本会議は、15年7月6日、「安全保障関連法制問題に関する見解」を発表した。

これは、6月4日の衆議院憲法審査会で参考人全員が安全保障関連法案（戦争法案）を「違憲」と断定し、反対運動がさらに激しくなり、安倍政権・自民党・公明党は国会会期を大幅に延長せざるを得なくなり、法案の成立が危ぶまれたと判断して、安倍政権と与党にエールを送る意味で出されたものといえる。

「見解」は、「安全保障関連法案は憲法九条の許容範囲であり、合憲であることは明白である」と断言し、「わが国を取り巻く国際環境の変化や国民世論を踏まえ、国会は、速やかに憲法審査会の審議を再開し、一刻も早く自衛隊の存在を憲法に明記するために憲法九条改正案を発議し、国民の意思を問うべきである」としている。

国会で9割を超える憲法学者が違憲だと主張していると指摘された時、菅義偉官房長官は「合憲だという憲法学者も少なくない」と主張したが、具体的人名を問われてあげた憲法学者は、百地章、西修、長尾一紘（中央大学名誉教授）だけである。この3人は全員が日本会議の中心メンバーである。

さらに日本会議は、反対運動に対抗するために、15年8月13日「平和安全法制の早期成立を求める国民フォーラム」を結成した。同フォーラムは、櫻井よしこ、葛西敬之（JR東海名誉会長）、西修、百地章などいつものメンバー30名が呼びかけ人となり、15年8月11日現在で、呼びかけ人、賛同人あわせて318名になり、13日に記者会見を行い、声明文「国会に対し、わが国の安全保障を見据えた審議と、平和安全法制の早期成立を要望する」を発表した。

会見には呼びかけ人・賛同者など約90人が参加し、櫻井よしこが「戦争を抑止するための法案が、なぜ、戦争法案と煽り立てられるのか。国の基盤である安全保障の論議には、知的責任が伴うことを知ってほしい」等と趣旨説明を行い、西修、青山繁晴（民間シンクタンク独立総合研究所代表取締役社長）、西岡力（東京基督教大学教授）、山田吉彦（東海大学教授、国家基本問題研究所理事）、田久保忠衛、西元徹也（元自衛隊統合幕僚会議議長）、百地章、佐々淳行（初代内閣安全保障室長）がコメントし、細川珠生が声明文を読み上げた。

同フォーラムは、9月4日と6日、『産経新聞』に1ページ全面のカラー版の意見広告を出した。意見広告の一つは、「中国の軍事基地化する東・南シナ海、私たちの生活に重大な危機が……」「平和安全法制の速やかな成立を！　日本の生命線シーレーンを守ろう」という見出しである。もう一つは、「平和安全法制の成立で、高める日本の抑止力」という見出しである。

同フォーラムは、8月29・30日、9月5・6日に全国70か所で街頭宣伝を行った。さらに、9月9日、東京都内で「平和安全法制の早期成立を求める」緊急セミナーを開催し、櫻井よしこや自民党の国会議員などが「早期成立」を主張した。

第5章　日本会議が取り組む改憲以外の「重点課題」

日本会議は、憲法を「改正」して天皇中心の日本、「戦争する国」をめざす方針を掲げ、全都道府県に県本部、地域に支部組織を設置する、約3万8000人の会員を擁する日本最大の翼賛・右翼団体である。「誇りある国づくり」をスローガンにしているが、安倍首相の「美しい国、日本」も日本会議が使ってきたスローガンである。

日本会議は、教育基本法改悪を推進した「日本の教育改革」有識者懇談会（民間教育臨調、2003年結成）、憲法改悪を推進する「21世紀の日本と憲法」有識者懇談会（民間憲法臨調、2001年結成）などの中心的な組織であり、さらに、憲法「改正」の「国民運動」を展開し、毎年5月3日には民間憲法臨調が主催する、憲法「改正」をめざす集会を開催していることは前にみたとおりである。

日本会議は、2012年7月に発行したリーフレットで「日本会議が取り組んできた国民運動」として、次の12項目をあげている。

①元号法制化運動：昭和54年「元号法」が成立。
②天皇陛下御即位20年奉祝運動：昭和天皇御在位60年、今上陛下御即位（平成2年）、御即位10年（同11年）

も奉祝運動を推進。
③国旗国歌法制化運動：平成11年「国旗国歌法」が制定
④教育基本法改正運動：愛国心や伝統文化の尊重が教育目標に新たに明記され平成18年に全面改正。
⑤靖國神社20万人参拝運動：平成16年（終戦60年）8月15日、靖國神社に戦後初の20万人が参拝。また、政府の国立追悼施設建設反対運動を行い、平成18年、政府はその計画を断念。
⑥自衛隊イラク派遣激励運動：平成16年実施されたイラク派遣の自衛隊を各地で激励、平成3年のペルシャ湾掃海艇派遣も激励。
⑦皇室の伝統を守る国民運動：平成18年の政府の女系天皇容認の皇室典範改定に反対運動、平成24年の「女性宮家」の政府方針に対応すべく「皇室の伝統を守る国民の会」を設立。
⑧伝統に基づく新憲法制定運動：平成3年「新憲法の大綱」を発表、平成13年に「民間憲法臨調」を設立。
⑨尖閣諸島を守る国民運動：平成24年、政府が領海警備強化法案を国会に提出（8月29日に成立―筆者）。東京都が尖閣諸島購入を表明。
⑩家族の絆を守る夫婦別姓反対運動：平成22年、政府は法案の国会上程を断念。
⑪外国人参政権反対運動：平成22年、政府は法案の国会上程を断念。
⑫東日本大震災復興支援活動：瓦礫を活用した「いのちを守る森の防波堤」構想が政府の復興事業に採用される。

この12の中には、すでに「達成」した課題もあるが、ここにあげているのが日本会議が重点的に取り組んでいる「国民運動」である。以下に、この中のいくつかを見ておこう。

日本会議は、２０１２年７月、「尖閣・沖縄が危ない　皇室２千年の歴史が危ない　今こそ日本を守る力を！」と題して、「日本会議の国民運動でこの国難を乗り越えよう」という運動を呼びかけた。その時に彼らが提起した「国難」と「運動」は次の4つである。

①皇室2千年の歴史が危ない　男系で皇位継承されてきた万世一系の伝統を守り伝えます
②子供たちの教育が危ない　愛国心を明記した新教育基本法の教育を全国の学校で実践します
③日本の領土・領海が危ない　領海警備強化の法改正を行い、海洋大国日本の主権を守ります
④沖縄・尖閣を守ろう　沖縄に行幸啓の天皇皇后陛下の大奉迎運動を推進します

日本会議がこの間に力を入れてきた右翼的「国民運動」は、上記の他に夫婦別姓反対、男女共同参画基本計画やジェンダー平等教育に反対するいわゆる「バックラッシュ」といわれる運動、排外主義的な外国人参政権反対運動である。

1　排外主義的な定住外国人選挙権の反対運動

日本会議は、2010年2月、「日本が危ない」という危機感を煽る「得意な」やり方で、「緊急国民運動へご協力のお願い」を出した。このアピール文書の表には、「日本が危ない！　今こそ国民の力を結集し、『外国人地方参政権法案』『夫婦別姓法案』を阻止しよう！」とある。

そして、日本会議会長・三好達の名で、「全国の日本会議会員、役員の皆さん！」ではじまる「日本会議は、国家解体の危機に直面し緊急国民運動を全国で推進します‼」というタイトルの呼びかけがある。具体的な活動として、「日本会議の役員、会員のみなさんに3つの活動にご協力をお願いします。～一人でもで

きる国民運動のご提案です〜」とあり、「その1　外国人地方参政権に反対する地方議員1万名署名にご協力ください」「その2　夫婦別姓法案に反対する500万名国会請願署名にご協力ください」「その3　緊急国民運動基金の募金活動にご協力ください」という3つの活動が提起されている。

「その1」では、「①地方議会における反対決議の推進、②1万名の地方議員反対署名の推進、③全国約1800自治体首長の反対署名の推進、④国民大会の開催、⑤新聞意見広告」などの活動が提起されている。

「その2」では、「①夫婦別席《ママ》に反対する全国地方議会決議、②500万名の国会請願署名の推進、③国民大会の開催、④新聞意見広告」などの活動が提起されている。

「その3」の募金活動は、7500万円を目標に1口1万円（何口でも可）として協力を呼びかけている。

これを受けて、10年4月17日、「永住外国人地方参政権に反対する国民フォーラム」（事務局・日本会議、「国民フォーラム」）が主催して日本武道館で「外国人参政権に反対する1万人大会」が開催された。

大会には、「県知事、県議会議長、市区町村長、地方議員715人を含む1万257人が参加した（国会議員は24名参加、主権者発表）」ということである。大会では、亀井静香（国民新党代表、金融郵政改革担当大臣、当時、以下同じ）、大島理森（自民党幹事長）、平沼赳夫（たちあがれ日本代表）、松原仁（民主党衆議院議員）、渡辺喜美（みんなの党代表）、佐々淳行、加戸守行（愛媛県知事）、小杉直（熊本県議会議長）、石川一夫（UIゼンセン同盟副会長）が発言し、百地章が「国民フォーラム」の運動方針を提案した。

「国民フォーラム」発起人は、伊藤憲一（青山学院大学名誉教授）、小田村四郎（元拓殖大学総長・日本会議副会長）、櫻井よしこ（ジャーナリスト）、佐々淳行、石平（評論家）、田久保忠衛（杏林大学名誉教授）、中西輝政（京都大学教授）、長尾一紘（中央大学教授）、百地章（日本大学教授）、山本卓眞（富士通名誉会長、日本会議副会長、故人）である（『日本の息吹』2010年6月号）。これらの人物は全員が日本会議の役員か関係者であり、この組織は明らかに日本会議のフロント組織である。

新聞意見広告は、4月27日の『産経新聞』に全ページを使った広告を出した。さらに、2011年1月25日、日本会議、「日本会議議連」、日本会議地方議員連盟、日本女性の会の共催で、「永住外国人地方参政権に反対する国民集会」を東京・憲政記念館で開催した。「地方から反対のうねりを！」と銘うった集会には、「自民党、改革クラブなどの国会議員約20人、地方議員100人、一般参加者約1000人の合わせて約千百人が参加した」（『日本の息吹』2011年3月号）。

日本会議は、在日特権を許さない市民の会（「在特会」）とは一線を画しているようであるが、日本会議の「外国人地方参政権は地方自治体が在日外国人に乗っ取られる、日本を滅ぼす」などの排外主義的な主張が「在特会」の卑劣な活動の思想的・理論的背景になっていることは、容易に推測されることである。

2　夫婦別姓反対の活動

前記アピールの「その2」、夫婦別姓法案反対の「国民大会」は、2010年3月20日、東京ビッグサイトで「夫婦別姓に反対し家族の絆を守る国民大会」が開催され、5100人（主催者発表）が参加した。これを主催したのは、日本女性の会が中心になって発足した「夫婦別姓に反対し家族の絆を守る国民委員会」である。この「国民委員会」の呼びかけ人は、市田ひろみ（服飾評論家）、小野田町枝（日本女性の会会長）、桂由美（ブライダルデザイナー）、工藤美代子（作家）、櫻井よしこ（ジャーナリスト）、長谷川三千子（埼玉大学教授）（肩書は当時）などであり、いずれも日本会議関係者である。石原慎太郎（東京都知事、当時）、上田清司埼玉県知事、森田健作千葉県知事などが賛同者になっている。

集会では小野田が主催者代表挨拶をし、「（夫婦別姓反対の）国民署名は僅か2ヶ月で50万を突破したことを披露。『社会の基盤は夫婦の愛に結ばれた温かい家庭にあります。日本の歴史伝統文化を大切にして日本人の誇りを胸に、法務省が法案提出を断念するまで』運動を続ける」と表明した。集会には国会議員も参加し、亀井静香（国民新党代表、郵政改革担当大臣、当時、以下同じ）、吉田公一（民主党）、下村博文（自民党）、平沼赳夫（国益と国民の生活を守る会）が登壇して発言した。この他に参加した国会議員は、自民党の高市早苗衆議院議員、衛藤晟一・山谷えり子・有村治子参議院議員である。国会議員以外では、長谷川三千子と木村治美（親学推進協会会長）が提言を行った。大会で発表された「国民委員会」の運動方針は次の通りである。

一、選択的夫婦別姓制度を含む民法改正を阻止するため5百万国民署名運動に取り組む。
一、夫婦別姓法案提出撤回を各党に要望すると共に過半数の国会議員の反対議員署名の獲得を目指す。
一、家族の絆を守るため反対の地方議会決議を推進する。
一、政府に対して旧姓を通称として使用するための法的整備を働きかける。

（『日本の息吹』2010年5月号）

日本会議は、『日本の息吹』で「夫婦別姓は家族の絆を破壊する」などの特集を組み、「夫婦別姓は日本文明を破壊する」「推進派はマルクス主義による家族廃止をめざしている」「お墓が守れなくなる」「家族、結婚制度を否定する」など、繰り返し「夫婦別姓」攻撃を展開してきた。

15年12月16日、最高裁大法廷が「夫婦同姓」の合憲判決を出したが、日本会議はこの判決を歓迎して、『日本の息吹』（16年4月号）にこれまでも夫婦別姓反対の主張を同誌などに掲載していた八木秀次（「再生機構」理事長）の「『夫婦同姓合憲』最高裁判決に思う——家族重視の画期的判決」を掲載した。「これは画期的判決だ。『同姓・別姓』に関する司法判断としては一定の決着がついたといっていい。家族を社会の基礎単位として認めた意義は大きいといえよう」というリードのある八木の主張を全部載せることはできないが、彼ら反対派の主張がよくわかる小見出しを次に紹介する。

「『夫婦同姓』は合憲、初の憲法判断——家族が同姓であることには合理性がある」「家族は社会の自然かつ基礎的な集団単位である」「子供の姓をどうするのか」「家族と個人のバランスをとった判決」「憲法に家族条項を」「選択的夫婦別姓は、戸籍を変質させ、家族の一体感を薄める」「夫婦同姓は伝統ではない？——イデオロギーに惑わされるな」「結婚とは子供を産み育てるための制度だからこそ保護されるべき」「文化の反映としての家族」。

日本会議は以上のように、夫婦別姓は彼らが求める「誇りある日本」の伝統文化を壊し、家族を破壊すると反対し、夫婦別姓法案阻止、「同性合憲判決」の最高裁判決など「成果」をあげてきた。この問題は、憲法「改正」で24条に「家族保護規定」を盛り込むことを要求している（自民党改憲案も同じ）こととも深いかかわりがある。

第6章　安倍政権を支える右翼議員連盟と右翼組織

1　安倍の「仲間」たち

安倍政権には、安倍首相をはじめ、日本の侵略戦争やアジアの人びとに与えた重大な被害、植民地支配などを正当化する歴史認識の大臣、副大臣、政務官、首相補佐官、官房副長官がたくさんいる。欧米では、ナチスが行ったホロコーストを否定する政治家は歴史修正主義＝極右とよばれ、そのような歴史をゆがめる政治家が大臣、ましてや首相や大統領になることはない。ところが日本では、首相をはじめ多くの大臣たちが、南京大虐殺や日本軍「慰安婦」など重大な人権侵害・戦争犯罪の事実を否定する政治家たちである。

こうした安倍政権を支えるのは、民間では日本会議をはじめとして、神道政治連盟、英霊にこたえる会などの右翼組織、日本教育再生機構、新しい歴史教科書をつくる会など教科書関係の右翼組織、在特会（在日特権を許さない市民の会）などの反人権右翼組織、櫻井よしこ、すぎやまこういち、屋山太郎、金美齢などの右翼文化人や右翼ジャーナリズムなどである。

政治・国会の場では、日本会議と連携する日本会議国会議員懇談会（「日本会議議連」）、「日本の前途と歴史教育を考える議員の会」（「教科書議連」）、神道政治連盟国会議員懇談会（「神道議連」）、「みんなで靖国神社に参拝する国会議員の会」（「靖国議連」）、創生「日本」などの右翼議員連盟、日本会議地方議員連盟などである。

第3次安倍改造政権の20人の大臣のうち、改憲、歴史わい曲、天皇中心の国をめざす「日本会議議連」に所属する者が13人（65％）いる。

「つくる会」や「再生機構」と連携して、育鵬社・自由社以外の教科書を「自虐史観だ」「偏向している」と攻撃し、２０１５年の採択でも、「つくる会」系教科書の採択をバックアップした「教科書議連」所属の大臣は９人（45％）である。

この他にも、日本の戦争を聖戦だとする靖国神社への集団参拝を繰り返している「靖国議連」は17人（85％）、日本は天皇を中心とする「神の国」だと主張する「神道議連」は会長の安倍首相をはじめ18人（90％）、憲法改悪を推進する憲法調査推進議員連盟（「改憲議連」）は10人（50％）、新憲法制定議員同盟（「改憲同盟」）は５人（25％）、安倍首相が会長で、「日本の伝統文化を守る」「戦後レジームからの脱却」などを掲げ改憲をめざす創生「日本」という議員連盟は10人（50％）いる。

以上のように、安倍首相と「志」を同じくする「仲間」を大臣などにたくさん配置しているのが、安倍政権の特徴である。まさに、「日本会議内閣」「神の国」内閣とよぶにふさわしい。

安倍政権を支える外部組織

安倍は、内閣の外、議会の外でも、「在日特権を許さない市民の会」（「在特会」）やネット右翼など民間の右翼勢力に支えられていることが特徴である。

「再生機構」や「つくる会」は、結成されたときからずっと深いかかわりがある。そのため「再生機構」の機関誌『教育再生』でも、総裁選挙までは安倍待望論をいろいろなかたちで載せ、２０１２年10月号以降、

「安倍政権で強い日本に！」「安倍、石原、橋下で教育再生を」、そして12月号で「安倍〝教育再生〟への要望」というかたちで安倍に期待するエールを送った。安倍政権発足後は、「憲法改正」「教育再生」など安倍政権の政策に関係する記事を毎号のように掲載している。

「つくる会」の『史』も、２０１３年1月号で、「安倍新内閣に期待」「日本再建の好機、今こそ……」といった特別座談会が組まれ、その後も、『教育再生』同様に安倍政権を応援する記事を載せている。

実際、安倍は２０１２年12月総選挙の最後の打ち上げ演説を秋葉原で行ったが、そこには「在特会」など右翼団体が大挙して「日の丸」の旗をうちふって安倍コールを送り、最後は「君が代」を大合唱するという異様な光景だったという。これらが安倍政権を支えるものであり、安倍政権の性格を表しているものであるといえよう。

2　日本会議国会議員懇談会（日本会議議連）

前述のように97年5月30日に日本会議は発足した。この97年は、「バックラッシュ元年」（中野晃一『右傾化する日本政治』岩波新書）といわれるように、1月に「新しい歴史教科書をつくる会」が正式に発足、2月に自民党「日本の前途と歴史教育を考える若手議員の会」設立、5月に「日本を守る国民会議」と「日本を守る会」が組織統一して日本最大の改憲・翼賛の右翼組織「日本会議」が発足した。

そして、日本会議が発足する前日の97年5月29日に、日本会議を全面的にバックアップし連携する目的で、自民党の小渕恵三・森喜朗（その後両名とも首相に就任）、新進党（当時）の小沢辰男が発起人になって結成されたのが、超党派の日本会議国会議員懇談会（「日本会議議連」）である。

14年4月現在の「日本会議議連」の役員は、麻生太郎・安倍晋三が特別顧問で、顧問には谷垣禎一等、相談役が石破茂・額賀福志郎・鴻池祥肇・山東昭子、会長・平沼赳夫、会長代行・中曽根弘文、副会長・古屋圭司・下村博文・菅義偉・高市早苗・新藤義孝・森英介・小池百合子ら、幹事長・衛藤晟一、幹事長代行・岩屋毅、副幹事長・加藤勝信・江藤拓ら、政策審議会長・山谷えり子、政策審議副会長・萩生田光一・稲田朋美・礒崎陽輔・有村治子・佐藤正久ら、事務局長・鷲尾英一郎（民主党、党名は当時）など、安倍政権の現閣僚や前閣僚、自民党幹部などの顔が並んでいる（この役員名簿は2015年6月10日現在のものであり、一部変更があると思われる）。

「日本会議議連」に参加する議員は結成時衆参189人だったが、その後増え続け、2015年9月現在280人（「朝日新聞」（2016年6月17日）は約190人としている）にもなり、自民党内の「日本会議議連」メンバーは衆参共に一大勢力となっている（衆参議員717人の約4割）。これだけ強大化した右翼議連がその中心人物を総理・総裁に押し上げたのが、第1次・第2〜3次安倍政権誕生の舞台裏である。日本会議と同議連は綿密に連携して日本の政治を動かしている。

「日本会議議連」の2つのプロジェクトチーム

「日本会議議連」は、「憲法改正PT」（座長・古屋圭司）と「皇室制度PT」（座長・衛藤晟一）の2つのプロジェクトチーム（PT）を2014年に設置して活動している。

「憲法改正PT」は、14年11月12日、百地章を講師に勉強会を開催した。15年3月25日、「憲法に家族保護規定の意義」について、加藤彰彦（明治大学教授）を講師に勉強会。15年6月10日、「96条改正」について、池田実（日本大学教授）を講師に勉強会。16年3月1日、「国家緊急権」について、浜谷英博（三重中京大学名誉教授）を講師に勉強会を開催した。

「皇室制度PT」は、14年6月9日に百地章を講師に勉強会を開催した。以後、14年10月28日に櫻井よしこを講師に「皇室制度」について勉強会を開催。15年4月14日、「皇室制度の改革」について、大原康男を講師に勉強会。15年7月29日、小堀桂一郎（日本会議副会長、東京大学名誉教授）を講師に「皇室制度」について勉強会。16年2月26日に「男系による皇位継承の重み」について、田尾憲男（皇学館大学特別招聘教授）を講師に勉強会を開催した。

「日本会議議連」は、こうした勉強会で「理論武装」と「意思統一」を図りながら、日本会議と一体となって日本の政治を牛耳る活動をすすめている。日本会議と「日本会議議連」は日常的に連携をとり、合同役員会などで情勢認識や方針を確認しているが、２００７年10月7日には、合同で「設立10周年記念大会」を開催した。この大会には、「全国より３０００名が結集」し、「『真正保守』の旗を掲げ、新たな国民運動の出発」を誓い合ったということである。

大会は、萩生田光一（衆議院議員）と桜林美佐（防衛ジャーナリスト、桜チャンネルキャスター）の司会で、三好達日本会議会長（当時）が、「まず教育改革を行って国民精神を立ち直らせ、そして憲法改正へ」と「国民運動の基本方針を力強く述べ」た。

次いで、「日本会議議連」会長の平沼赳夫が、「皇室の伝統を守るために展開してきた活動の成果を力説した」。来賓挨拶は、伊吹文明自民党幹事長（当時）、松原仁民主党衆議院議員（党名は当時）、山谷えり子首相補佐官（当時）である。この年の参議院選挙で日本会議推薦で当選した有村治子・衛藤晟一参議院議員が特別報告を行った。

各界からの提言では、島村宜伸（皇室の伝統を守る国会議員の会会長、当時、以下同じ）、横田滋・早紀江（北朝鮮による拉致被害者家族連絡会代表）、下村博文（前内閣官房副長官）、金美齢（前台湾総統府国策顧問）、佐藤正久（参議院議員）、吉田利幸（日本会議地方議員連盟幹事長、大阪府議会議員）、小野田町枝（日本女性の会会長）が発言した。大原康男が「国民運動の前進をめざして」という提言を行い、最後に、百地章が「教育改革」「新憲法制定」「天皇陛下御即位20年奉祝」の「3つを基本の運動として今後展開することを確認する大会宣言を読み上げ、全員で確認した」(『日本の息吹』08年1月号)。

こうした日本会議と「日本会議議連」の連携した活動の一例が、前述のように、文科省が2002年から小・中学生全員に配布し、愛国心をはじめとした国定道徳を子どもたちに押し付け、マインドコントロールをねらった国定道徳副教材『心のノート』(小学校1・2年用、3・4年用、5・6年用、中学校用の4種類)である。これは日本会議が作成を要求し、2000年3月に同議連の亀井郁夫参院議員(当時)が国会で取り上げ、同議連の中曽根弘文文相が検討すると答えてすぐに予算化し、1週間後に同議連の河村建夫文部政務官が「発行して全国の学校に配布する」と答弁している。日本会議は、01年3月の総会方針案の中で、「本会の国会質疑を契機に文部科学省は『心のノート』という道徳教材の作成を決定した」と成果を誇っている。右翼団体の要求を連携する国会議員が取り上げ、それが国の政策として実現されるという恐ろしい構図がつくられているのである。

なお、『心のノート』は全面改訂して『わたし(私)たちの道徳』の名で、2014年4月に全国の小・中学生全員に配布され、下村博文文科相(当時)・文部科学省はその使用を強制した。安倍政権と文科省は、2015年3月、道徳を「特別の教科　道徳」として正規の教科に格上げし、2018年度から検定教科書を発行して全面実施する。2015年度からも先行実施を促しているが、検定教科書ができるまでは『私たちの道徳』を「教科書」として使用し、検定教科書発行後も併用するとしている。

さらに、道徳の教科化を推進している『私たちの道徳』作成者の貝塚茂樹(武蔵野大学教授、文科省・道徳教育の充実に関する懇談会委員、日本教育再生機構理事)は、『私たちの道徳』は検定教科書のモデルになると主張している(詳しくは子どもと教科書全国ネット21編『徹底批判!!「私たちの道徳」——道徳の教科化でゆがめられる子どもたち』合同出版参照)。

この「日本会議議連」に先立って、「つくる会」をバックアップするために97年2月に発足した日本の前途と歴史教育を考える若手議員の会（「教科書議連」、04年2月以降は「若手」を削除）も、「日本会議議連」と極めて深い関係にある。

「日本会議議連」については、日本会議との関係でこれまで随所でふれているので参照されたい。

3　安倍政権を支えるその他の極右議連

神道政治連盟国会議員懇談会（「神道議連」）

神道政治連盟（「神政連」）と連携する神道政治連盟国会議員懇談会（「神道議連」）は、1970年5月11日に設立された。

敗戦後の1945年12月15日、連合軍総司令部（GHQ）は「神道指令」を出し、戦前・戦中の天皇制の精神的支柱として日本人の心を支配し、侵略戦争遂行でも重要な役割を演じた「国家神道」が終りを告げた。その後、「神社関係の民間団体である皇典講究所・大日本審神祇会・神宮奉斎会は合同し、それを母体として一九四六年二月三日には、全国の神社とその関係者を包括する宗教法人神社本庁が設立された」（塚田穂高『宗教と政治の転轍点』花伝社）。

政治団体の「神政連」の結成は、1969年11月8日であり、結成大会は神社本庁で行われた。そのことが示すように、「神政連」は神社本庁が政治活動を行うための組織といっても過言ではない。

戦前・戦中、2月11日は「神武天皇の即位日」として「紀元節」とされていた。神武天皇は神話上の人物であり史実ではないのに、万世一系の天皇制の「開祖」として歴史の事実のように教えてきた。戦後GHQの意向を受けて紀元節は廃止されたが、1951年のサンフランシスコ条約締結前後から「紀元節復活」運動がはじまり、神道界・政治家・文化人などによって2月11日に奉祝行事が行われるようになった。こうした運動によって、政府は1966年12月に2月11日を「建国をしのび、国を愛する心を養う」日とする「建国記念の日」を政令で定めた。

こうした成功を収める運動を中心になって推進したのが神社本庁であったが、神社本庁の政治活動には限界があると認識され、69年11月に政治団体「神政連」が結成された。そして、この「神政連」と連携するために、70年5月11日、神道政治連盟国会議員懇談会（「神道議連」）が発足したのだ。

2000年5月15日に森喜朗首相（当時）が「日本の国はまさに天皇を中心としている神の国であるぞ、ということを国民にしっかりと承知していただく」という「神の国」発言をしたのは、この「神道議連」の結成30周年の祝賀会の席上であった。

現在の会長は安倍晋三首相で衆参326人の国会議員が所属している（2016年4月22日現在）。第3次安倍改造内閣には、同議連からは安倍をはじめ、麻生太郎、高市早苗、岩城光英、馳浩、塩崎恭久、森山裕、林幹雄、丸川珠代、中谷元、高木毅、河野太郎、石原伸晃、加藤勝信、石破茂、遠藤利明、菅義偉が入閣している（90％）。首相補佐官の衛藤晟一・河井克行・柴山昌彦、官房副長官の萩生田光一・世耕弘成も全員同議連である。大臣で違うのは岸田文雄、島尻安伊子、公明党の石井啓一の3人だけで、副大臣16人（64％）、政務官16人（59％）も「神道議連」メンバーである。まさに、安倍政権は日本会議内閣であり「神の国」内閣といえる。

「神政連」は「天皇の大御代の光栄と永久を祈る。これが、日本人の繰り返してきた祭りの心であり、ここに神道的な日本国民の良心的な社会観があり、国家観がある」（「神政連」『綱領解説』）という、まさに「天皇を中心とした神の国」の実現をめざす政治結社である。この考え方に賛同・支持し、それを国会・政治の場で実現するために活動しているのが「神道議連」である。

みんなで靖国神社に参拝する国会議員の会（「靖国議連」）

「靖国議連」は、春季例大祭（4月21日～23日）、「終戦記念日」（8月15日）、秋季例大祭（10月17日～20日）に靖国神社に集団で参拝する超党派の国会議員連盟だ。靖国神社では、春・秋例大祭には、天皇の遣いである勅使が参向し、天皇からの供え物（御幣物）が献じられ、御祭文が奏上される。靖国議連の会長は尾辻秀久参議院議員、事務局長は水落敏英参議院議員（2016年4月現在）である。同議連は、3行事の集団参拝者を議連参加メンバーとしている。議連としては日常的に目立った活動はしていない。

安倍政権の誕生と安倍首相による靖国神社参拝（13年12月26日）によって、「靖国議連」メンバーは活気づき、14年8月15日には近年では最高の集団参拝（194人）を実現させている。中国・韓国をはじめアメリカからも批判されながら、安倍は春季・秋季例大祭と8月15日に真榊の奉納を続け、高市早苗、山谷えり子、有村治子などの現・元閣僚や稲田朋美政調会長が参拝を続けている。

「靖国議連」から第3次安倍改造内閣には、安倍をはじめ、麻生太郎、高市早苗、岩城光英、馳浩、塩崎恭久、森山裕、林幹雄、丸川珠代、中谷元、高木毅、島尻安伊子、加藤勝信、石破茂、遠藤利明、菅義偉が入閣し（85％）、首相補佐官の衛藤晟一・河井克行・柴山昌彦、官房副長官の萩生田光一・世耕弘成も全員同議連である。副大臣16人（64％）、政務官17人（63％）も「靖国議連」メンバーである。

創生「日本」

創生「日本」は、2007年12月に「真・保守政策研究会」として発足（会長・中川昭一、当時）した。2009年の総選挙後に落選した中川が10月3日急死し、11月16日に安倍晋三が会長に就任した。2010年2月5日、「『研究会』から『行動する議員の集団』に脱皮していくため」（安倍）に名称を創生「日本」に変更した。目的に、①伝統・文化を守る、②疲弊した戦後システムを見直す、③国益を守り、国際社会で尊敬される国にする、を掲げ、憲法改悪をめざす超党派の議員連盟である。

顔ぶれは、最高顧問：平沼赳夫、会長：安倍晋三、会長代行：中曽根弘文、会長代理：長勢甚遠・古屋圭司・山本有三、副会長：菅義偉・下村博文・高市早苗・世耕弘成他、幹事長：衛藤晟一、副幹事長：進藤義孝・山本一太他、事務局長：加藤勝信、事務局長代理：稲田朋美、事務局次長：城内実・義家弘介・丸川珠代他である。事実上の「安倍議連」であり、２０１０年2月時点での加盟議員は約90人だったが、安倍が自民党総裁になりさらに12年12月の総選挙後に首相になってから増え続け、13年10月30日現在の会員数は１７０人になっている。13年の参議院選で当選した新人48人が新加盟した（『産経新聞』２０１３年10月30日付）ということである。現在は、１７０人よりももっと多くなっていると推測される。

第2次・第3次安倍内閣の大臣等はこの議連から多数任命されている。第3次安倍改造内閣では、会長の安倍をはじめ、麻生太郎、高市早苗、塩崎恭久、森山裕、丸川珠代、高木毅、石原伸晃、加藤勝信、菅義偉の10人（50％）が大臣・官房長官になり、首相補佐官は衛藤晟一、柴山光一、官房副長官は萩生田光一、世耕弘成が同議連メンバーである。さらに、副大臣12名（48％）、政務官6名（22％）が同議連メンバーである。

自民党「日本の前途と歴史教育を考える議員の会」

「つくる会」が発足した1か月後の１９９７年2月27日に、自民党の当選5回以下の議員を中心に、「日本の前途と歴史教育を考える若手議員の会」（「教科書議連」）が衆参１０７人の議員が参加して結成された。会長は中川昭一、事務局長は安倍晋三、幹事長は衛藤晟一、幹事長代理：高市早苗・小山孝雄、副幹事長：古屋圭司・森英介他、事務局長代理：松下忠洋、事務局次長：下村博文・山本一太他（いずれも当時）である。第3次安倍改造内閣には、安倍をはじめ高市、岸田文雄、馳浩、塩崎恭久、林幹雄、中谷元、遠藤敏明、菅の9人（45％）と首相補佐官の衛藤晟一、官房副長官の萩生田光一がこの議連メンバーである。

「教科書議連」は、97年3月から6月まで19人の講師を招いて9回の「勉強会」を開催し、それをまとめて、同年12月に『歴史教科書への疑問』（展転社）を出版した。19人の講師には吉見義明（中央大学教授）なども含まれているが、多くは、「つくる会」の高橋史朗、藤岡信勝、坂本多加雄（学習院大学教授、故人）や「慰安婦」否定論者の西岡力（東京基督教大学教授）、大阪府の公立中学校教員で右翼団体「一日会」の構成員の長谷川潤、文部省の教科書課長などの幹部や教科書会社社長などである。同議連メンバーと意見を異にする人たちには、侵略戦争や「慰安婦」問題の教科書記述について激しい詰問・追及を行った。

さらに、「慰安婦」問題で旧日本軍と日本政府の関与を認めた93年の河野洋平官房長官（当時）談話に対して、「確たる証拠もなく『強制性』を先方に求められるままに認めた」と非難し、河野を会に呼びつけて撤回を迫った。同書には、講演内容及び講師と議連メンバーの議員とのやり取りのほかに、「慰安婦・教科書問題――若手議員は発言する」と題した安倍、下村、高市など28人の議員の主張が収録されている。

安倍は同書の中で、「河野談話」のもとになった韓国の元「慰安婦」の証言について、「私は慰安婦だったと言って要求している人たちの中には、……明らかに嘘をついている人たちがかなり多くいる」と述べ、「吉見先生も、何回も河野談話をまさに証拠として金科玉条として出す」「文教委員会で質問しても、文部省の答弁としては自分たちは不本意だということをにじませながら、『しかしこれは河野官房長官談話でやったから、そこまで認定せざるを得ない』という説明」がされる。「ストライクゾーンをちょっと左においたら、一番左側にストライクが絶対に入る。すべてそこに集中するということがあると、これは談話の方向を変えない限り」だめだと、河野談話の見直しを主張している。

さらに、「河野官房長官談話は、当時の作られた日韓両国の雰囲気の中で、事実より外交上の問題を優先し、また、証言者16人の聞き取り調査を、何の裏付けも取っていないにもかかわらず、軍の関与、官憲等の直接の加担があったと認め、発表したものであることも判明しました」と断定している。「事実より外交上の問題を優先した」ということについて、河野は衛藤晟一の質問に答えて、「アジア外交を進めなければならない時代背景であったから、事実なかったものをあったようにこちらが事実を譲ったということがあったかと言えば、そんなことはありません」と明確に答えているが、安倍はそれを無視している。

「教科書議連」は、２００１年の中学校教科書の採択で、「つくる会」教科書（扶桑社版）の採択活動を全面的にバックアップし、「つくる会」教科書が採択されやすいように、採択制度を改悪する活動をおこなった。２００１年の採択後しばらくは目立った活動をしていなかったが、05年の採択を前にした04年２月、センター試験問題の朝鮮人強制連行出題問題から活動を再開し、会の名称から「若手」をとり、「日本の前途と歴史教育を考える議員の会」となり、04年６月14日には、「つくる会」の検定・採択を支援する自民党シンポジウムを開催した。

04年～05年に自民党幹事長・幹事長代理だった安倍は、05年の中学校教科書採択で「つくる会」教科書（扶桑社版）の採択に全力をあげて支援した。安倍は自民党幹事長として、04年６月に「歴史教育問題は、教育基本法改正、憲法改正と表裏一体の国家的重要課題であり、国と地方が一体化して（「つくる会」教科書採択を）取り組む必要がある」と地方組織に通達を出し、04年６月と05年３月には全国の地方議会議員を東京に集めて教科書採択問題の学習会や決起集会を開催した。安倍幹事長代理の下で、自民党は05年１月の党大会で05年の重点課題に教育基本法改正と「偏った歴史観やジェンダーフリーに偏重した教科書の是正」を掲げていた。

06年の「教科書議連」総会では、当面の活動方針として１９９３年の河野洋平官房長官談話の見直し・撤回をすすめることを確認し、「従軍慰安婦」問題を検証するために小委員会（中山泰秀委員長）を設置した。「教科書議連」は、09年の総選挙で自民党が大敗し、議連の中心メンバーも多く落選したためにしばらく活動を停止していたが、２０１１年の中学校教科書の採択を前にした11年2月23日に総会を開催し、活動を再開することを決め、新役員を選出した。新役員は、会長・古屋圭司、幹事長・下村博文、会長代行・衛藤晟一、事務局長・義家弘介で、安倍は顧問に就任した（いずれも当時）。同議連は、11年の採択で「つくる会」系教科書の採択のために活動した。「再生機構」・「教科書改善の会」が11年5月10日に開催した「教科書改善シンポジウム　日本がもっと好きになる教科書誕生！」で「特別挨拶」を行った「教科書議連」顧問の安倍晋三は、「安倍政権において60年ぶりに教育基本法を改正したことは私の誇りとするところである」「この新しい教育基本法の趣旨を最もふまえた教科書は育鵬社であると私は確信している」とエールを送り、同議連幹事長の下村博文もシンポジウムで「育鵬社教科書には自分たちの求めるものが全部入っている」「日本人の常識に従った教科書」だと賛美し応援した。12年3月末の文科省の高校教科書の検定公開後には、自民党文教部会と合同会議を開催し、高校教科書に「慰安婦」や南京事件などが記載されていることを攻撃した。同議連は、２０１５年の中学校教科書採択でも、日本教育再生機構・「教科書改善の会」の育鵬社教科書、「つくる会」の自由社版教科書の採択を支援する活動をおこなった。

第3次安倍改造内閣では、顧問の安倍と高市早苗、岸田文雄、馳浩、塩崎恭久、林幹雄、中谷元、遠藤利明、菅義偉の10人（50％）が大臣・官房長官になり、首相補佐官の衛藤晟一、官房副長官の萩生田光一が同議連メンバーである。さらに、副大臣12名、政務官6名が同議連メンバーである。

4　安倍を支える女性大臣・党役員

安倍首相は、第2次政権の改造内閣では、女性議員を5人大臣に起用し、高市早苗の後任として稲田朋美（前行政改革担当大臣）を自民党の政調会長に任命した。この女性議員の登用が評価されて支持率が10ポイント上がったとマスコミは報じていたが、安倍にとって、女性であれば誰でもよいというわけではない。

この5人（稲田を含めれば6人）はいずれも極右議員連盟に所属しているが、その中でも、高市早苗、山谷えり子、有村治子、稲田朋美の4人は、安倍首相の〝お仲間〟の極右政治家である。彼女らは全員、「日本会議議連」、「教科書議連」、「神道議連」、「靖国議連」、創生「日本」などに所属している。それだけではなく、4人は、12年11月6日、櫻井よしこや藤岡信勝（「つくる会」理事、当時）、すぎやまこういち等日本の右翼がアメリカのニュージャージー州の地元紙『スターレッジャー』に日本軍「慰安婦」を否定する意見広告を出した際、それに安倍首相、下村前文科相、衛藤首相補佐官等と共に名を連ねている（稲田は、2007年6月14日の『ワシントンポスト』への同様の意見広告にも名前を出している）。

なお、山谷、有村は第2次改造内閣、第3次内閣まで大臣を務めたが第3次改造内閣では退任し、同内閣ではこのうち高市のみが大臣として残り、女性大臣は丸川珠代と島尻安伊子の3人になっているが、この2人も極右議連メンバーである。

高市、山谷、有村、稲田、4人の活動

日本会議は、夫婦別姓は伝統的な家族制度を解体すると反対し、家族の復権を掲げ、男女共同参画基本法や自治体での同参画条例制定に反対し、家庭科教科書を攻撃し、ジェンダー平等に対する攻撃などバックラッシュ（逆流）を推し進めてきたが、この4人の大臣と党幹部の稲田はこれらの攻撃でも中心的な役割を担ってきた。

稲田朋美は、05年の「郵政選挙」の時に小泉首相（当時）の「刺客」として福井1区から立候補して当選した。この稲田の立候補・政界進出を進めたのは安倍だという次のような情報がある。稲田は、南京事件の被害者（李秀英、夏淑琴）の名誉棄損裁判で被告の弁護団、本多勝一名誉棄損裁判（百人斬裁判）では原告

の弁護団の一員として担当したがすべてで敗訴。しかし『百人斬り裁判から南京へ』（文春新書）を出版するなど南京事件を否定する言動を振りまいていた。同書を読んで、稲田の思想や行動を知った安倍の指示で、山谷えり子が05年8月15日に靖国神社で稲田と会って選挙の出馬を説得したということである。こうした経緯から、安倍は稲田を重視した人事を行っているといえよう。

有村治子は、女性活躍・男女共同参画担当大臣だったが、こうした仕事にはもっともふさわしくない人物である。有村は、「日本会議議連」メンバーであるだけでない。参議院選挙で日本会議が推薦する候補者は4人だけであるが、その1人が有村である（他は衛藤晟一、山谷えり子、阿達雅志）。つまり、有村は極右団体の日本会議の推薦する2人の女性議員の内の1人なのである。そして、「日本会議議連」の政審審議副会長、「神道議連」の副幹事長であり、日本会議の日本女性の会の副会長であり、２０１２年参議院選では「日本に誇りの持てる歴史観・心の教育を進めます」と公約していた。さらに、推薦候補となった「決意表明」では、「万世一系の国柄を次世代に」という見出しで、「万世一系という私達の国柄の価値は戦後世代には必ずしも通じていない」「戦前の国定教科書には、神武天皇からひとつの例外もなく皇統が続いてきた万世一系の価値が綴られていましたが、戦後の教科書からは、万世一系という言葉が消えました。そこから始めなければいけないのだ……」などと主張している。何ともひどい歴史認識・教育観である。

ついでに紹介すると、有村の後援会長は右翼団体・英霊にこたえる会会長の中條高徳（元陸軍兵長、元アサヒビール会長、日本会議代表委員、日本教育再生機構賛同者、「つくる会」顧問、故人）だった。有村が副会長の日本女性の会は前述したように日本会議の夫婦別姓反対などのバックラッシュの中心的組織である。10年3月20日に日本女性の会などが中心に開催した「夫婦別姓に反対し家族の絆を守る国民大会」には、有村は高市・山谷・稲田と一緒に参加した。

高市大臣や稲田政調会長が、「日本国家社会主義労働者党」（日本版ネオナチ）の代表・山田一成とのツーショット写真に収まっている問題や、山谷が在日特権を許さない市民の会（在特会）幹部と一緒に写真に写っていることが問題になった際は、彼女らは、「ネオナチとは知らなかった」「在特会って何？」「在特会とは知らなかった」など言い逃れをした。それを安倍首相や菅官房長官、世耕弘成官房副長官などは詭弁を使って擁護した。しかし、「山谷先生とは教育問題を議論する団体の活動を通して20年来のお付き合いがありますねん」（『週刊文春』14年9月25日）と述べる「在特会」の元関西支部長は、ＮＰＯ法人「地方再生・地方議員百人と市民の会」の事務局長の増木重夫であり、山谷えり子は、この団体の顧問だったのである。

このＮＰＯ法人のサイトには、辻淳子理事長（大阪維新の会、大阪市議）の左に山谷が載った写真がある。同ＮＰＯ法人の会員の中には増木重夫と同様の在特会の会員が複数おり、そのうちの２人は京都の朝鮮学校襲撃事件で逮捕され、11年4月21日に有罪判決を受けた人物で、その両名も山谷が一緒に写った写真のなかに顔を見せている。

５ 「草の根」改憲運動を担う日本会議の地域支部

日本会議は、結成後から都道府県本部の設立をすすめ、現在、全都道府県に県本部ができている。さらに、２０００年頃から地域支部の設立もはじまっておりそれほど進んではいなかったが、06、07年頃から全国３００支部をめざして支部設立に力を入れてきた。日本会議は、３００支部達成に向かって、２０１１年８月～12月、各県ごとの支部代表者研修会を開催した。

日本会議が支部づくりに力を入れはじめたのは、「九条の会」の発足と全国各地でのその活動への対抗からである。

04年6月に9人の著名人が設立した「九条の会」の呼びかけに応じて全国各地に地域と分野別の「九条の

会」がつくられ、06年には5000を超えた（現在は7500を超えている）。「九条の会」の全国各地での講演会、地域・分野別「九条の会」の草の根の活動によって、憲法改定をめぐる世論状況は大きく変化した。04年当時の世論調査では、憲法「改正」賛成65・0％、反対22・7％（「読売新聞」、以下同じ）が、06年には賛成55・5％、反対32・0％になり、07年には賛成46・2％、反対39・1％になり、04年に3倍あった差が、07年にはわずか7ポイントに縮まった（現在は賛否が拮抗している）。

こうした「九条の会」の活動に対抗するために、改憲運動を地域から「草の根右翼運動」として推進する地域支部づくりに力を入れてきたのである。16年5月22日現在、支部は238（筆者調べ）になり、支部が10以上あるのは、東京（18）、埼玉（17）、熊本（17）、岡山（13）、愛知（12）、広島（10）である。支部数が少なくても全県をカバーしている長野（4：北信・中信・東信・南信）や鳥取（4：境港・中部・東部・西部）のような県もある（資料3参照）。

この県本部と支部が、後述する日本会議地方議員連盟（「地方議連」）、日本女性の会、日本青年協議会などと連携して「草の根右翼運動・改憲運動」を各地で展開している。その主なものは、憲法改悪をめざす様々な活動であり、日本教育再生機構（「再生機構」）・「教科書改善の会」の育鵬社版教科書、「つくる会」の自由社版教科書の採択活動、日本の侵略戦争を正当化し、日本軍「慰安婦」や南京事件を否定する歴史わい曲の活動、「日の丸・君が代」の学校現場への強制、地方議会での「日の丸」掲揚、教員の授業実践や授業の資料、テスト問題などを監視して教育委員会や学校に圧力をかける活動、バックラッシュ、領土問題で偏狭なナショナリズムをあおる活動などである。前述した美しい日本の憲法をつくる国民の会の活動を地域で推進しているのも、この支部と「地方議連」である。

6　地方議会を舞台に策動する日本会議地方議員連盟

「地方議会から『誇りある国づくり』を」をスローガンに、２００７年10月6日に設立したのが、「日本会議地方議員連盟」（会長・松田良昭神奈川県議、「地方議連」）である。

16年4月現在１６３２人の会員（筆者調べ）を擁しているが、その内訳は、知事１人、市区町長31人、都道府県議７９５人、市区町村議８０５人である（議連なので首長になると名簿からは消えるが、筆者はその首長の政治姿勢を知るために議員時代に議連メンバーだった場合は名簿に入れている）。県議会に同議連が占める割合をみると、70％を超えているのが山口県、60％超は山形県・茨城県・愛媛県、50％超は宮城県・長崎県・熊本県、40％超は秋田県・群馬県・埼玉県・千葉県・東京都・岐阜県・静岡県・京都府・岡山県・福岡県・宮崎県・鹿児島県である。15年の一斉地方選挙で引退や落選によって議連メンバーが減り、県議会での占有率も少し下がった。それでも、40％以上を占める日本会議によって議会がジャックされているところが19都府県もある異常な状況である。なお、市議会では、大阪市47・7％、熊本県八代市43・9％などが目立ち、福岡市37％や、東京都府中市36・7％などでも比率が高い。

「地方議連」は、育鵬社版・自由社版教科書の採択活動、教科書攻撃、地域からの改憲運動などを地方議会を利用して展開している。「地方議連」所属の議員が教育や教科書採択に公然と介入している。高等学校の日本史教科書採択で、実教出版の『高校日本史Ａ・Ｂ』の採択を妨害し、議会での質問や教育委員会への介入・圧力によって、この教科書を学校現場に選ばせない、不採択にさせたのは「地方議連」所属の議員たちである。

例えば、埼玉県では13年の採択で、高校現場が実教出版の教科書を選定し、それを県教育委員会がそのまま採択したのに対して、県議会の文教委員会が閉会中審査を2回も開催して、実教出版教科書の執筆者たちを攻撃し、選定した8校の校長を呼びつけて詰問し、採択のやり直しを県議会で決議した。そのため、14年以降は実教出版の同教科書は県立高校では採択されていない。この活動の中心になったのが「地方議連」メンバー達だった。議会を使って圧力をかけたケースは、千葉県、神奈川県、横浜市・川崎市などであったが、これを行ったのは同議連のメンバーである（大阪府・市は維新の会の議員団である）。

日本会議の支部と「地方議連」は連携して様々な活動を展開している。歴史教育や教科書採択問題では、日本会議系の組織が請願や陳情を地方議会に出し、それに対して「地方議連」メンバーが紹介議員になり、議会で取り上げて、育鵬社・自由社版教科書が採択されやすい状況をつくる動きを強めてきた。14年に安倍政権によって教育委員会制度が改悪され、首長が教育や教科書採択に介入しやすくなったことを受けて、日本会議と密接な関係がある「再生機構」や「つくる会」などは、地方の組織や会員、サポーターなどに対して、各地方議会で教科書採択や「教育再生」活動に協力してくれる議員を紹介するよう呼びかけている。これに応じて、15年の中学校教科書採択で育鵬社・自由社版教科書が採択されるように、「地方議連」と支部が連携した活動を展開した。

「日の丸・君が代」の問題でも、各地で「地方議連」と地域支部の連携した策動がみられる。例えば、東京都中野区では13年に日本会議中野支部が「区内すべての区立小・中学校で毎日国旗を掲揚するように」という請願を出した。この請願について、「地方議連」所属（3名いる）の区議会議員が紹介者になり、他の議員にも働きかけ、本会議では賛否同数だったが、議長の賛成で可決された。学校に対する同様の動きや地方議会の議場に国旗を掲揚するよう求める請願が、こうした両者の連携によって推進されている。

今後こうした動きはいっそう強まると予想される。

むすびに代えて

以上みてきたように、日本会議は日本最大の右翼組織であり、安倍政権の民間における強力な支持母体である。日本会議・「日本会議議連」は連携を強め、安倍政権が進める憲法改悪、「戦争する国」づくりを、日本会議のフロント組織である「国民の会」などを中心にした「草の根右翼運動」によって推進している。

日本会議の運動のパターンは、基本的に元号法制化で椛島有三が行ったやり方と同じである。それは椛島が学生時代から「左翼」に学んだ方法であり、国会請願署名、地方議会決議、大規模なデモと集会、課題別の組織の設立、国会議員（議員連盟）・地方議員（議員連盟）との連携などである。そして、「地方から中央へ」という運動形態を多用している。これについて、『朝日新聞』（16年3月24日付）の「日本会議研究」では、「地方議会の議決を重ねることで、憲法改正の機運を高め、国会議員に対して発議を迫る――。『地方から中央へと攻め上がる手法は、1970年代の元号法制化運動で成功を収めた』と村上正邦・元自民党参議院議員会長は振り返る」と書いている。

日本会議はこの手法を駆使しながら活発な運動を展開してきた。

重要なことは、日本会議が推進してきた「国民運動」の多くが、国会議員との共同、97年5月以降は「日本会議議連」との連携によって、「法制化・制度化又は法制化阻止」などの具体的な成果を上げてきていることである。

日本会議が要求し、運動した主なものをみると、元号法制化の達成、国旗国歌法制定、大嘗祭は国費負担で挙行され、天皇即位10周年では政府（竹下登内閣）が99年11月に記念式典を開催した。「終戦50年決議」は骨抜きの決議になり参議院では提出もされなかった。日本軍「慰安婦」の記述は中学校教科書から消され、教育基本法「改正」には愛国心などの要求が盛り込まれ、道徳は「教科化」された。女系天皇容認の皇室典範の改正は見送られ、夫婦別姓や外国人参政権は法案さえ上程されていない。教科書検定・採択制度も改悪されてきた。領土問題では排外主義が広がり、教科書への領土問題の政府見解の記述は実現された。

これらのことは、日本会議による国会ジャック、日本の政治・社会・教育ジャックの状況を明白に示している。同時に、日本会議は、この手法をフル動員して改憲運動に総力を挙げて取り組んでいる。

日本会議の現在の改憲運動の課題の中心は、日本会議と関係の深いシンクタンクの日本政策研究センター（伊藤哲夫代表）が提起している「緊急事態条項の創設」、「憲法24条への家族条項の追加」、「憲法9条2項の改正」であり、これは日本会議の方針でもあり、安倍政権・自民党の当面の方針でもある。

第1次安倍政権及び第2次、第3次安倍政権内に占める「日本会議議連」の比重は、それまでのどの内閣よりも高い。第3次内閣の「日本会議議連」の大臣は15人（75％）で、第3次改造内閣における「日本会議議連」の大臣は、20人中13人（65％）になり、首相補佐官3人中2人と官房副長官2人全員、副大臣の17人、政務官の14人も「日本会議議連」メンバーである。大臣、首相補佐官、官房副長官、副大臣、政務官は計77人いるが、「日本会議議連」は48人で62・3％（公明党を除けば67・6％）を占めている。まさに日本会議による内閣ジャック、日本の政治支配ともいうべき状況である。

このような右翼による日本の政治・社会・教育の乗っ取り・支配を許さないような、地域からの草の根の市民運動が何よりも重要である。

そして、この日本会議及び「日本会議議連」の実態・正体を多くの国民に知らせていくことが重要であり、いま、そのことがメディアにも問われているといえよう。

俵　義文（たわら・よしふみ）

1941年福岡県生まれ。中央大学法学部卒。新興出版社啓林館・東京支社に勤務。その間、出版労連教科書対策部長、同事務局長、教科書検定訴訟を支援する全国連絡会常任委員など。

現在、子どもと教科書全国ネット21事務局長、立正大学心理学部非常勤講師。

主な著書（共著を含む）

『小学校教科書を読む』『中学教科書はどう変えられたか』『検証・15年戦争と中・高歴史教科書』『高校教科書検定と今日の教科書問題の焦点』『教科書から消せない戦争の真実』『教科書攻撃の深層』『ドキュメント「慰安婦」問題と教科書攻撃』『いまなぜ戦争責任を問題にするのか』『南京事件をどうみるか』『徹底検証　あぶない教科書』『ちょっと待ったぁ――教育基本法「改正」』『歴史教科書何が問題か』『教科書から消される「戦争」』『あぶない教科書NO！』『とめよう！戦争への教育――教育基本法「改正」と教科書問題』『教育基本法「改正」のここが問題』『安倍晋三の本性』『「改正」教育法で教育は「再生」できるか』『検定に違法あり！――家永教科書裁判最高裁判決』『徹底批判「国民の歴史」』『徹底批判「最新日本史」』『教科書から消される「戦争」』『家永三郎が残したもの引き継ぐもの』『日中韓共同編集・未来をひらく歴史――東アジア3国の近現代史』『ここが問題「つくる会」教科書』『〈つくる会〉分裂と歴史偽造の深層』『最良の「教科書」を求めて――「教科書制度」への新しい提言』『竹島／独島問題の平和的解決をめざして』『東アジアの歴史認識と平和をつくる力』『文明と野蛮を超えて――わたしたちの東アジア歴史・人権・平和宣言』『育鵬社教科書をどう読むか』『「村山・河野談話」見直しの錯誤――歴史認識と「慰安婦」問題をめぐって』『教科書の国定化か⁉　安倍流「教育再生」を問う』『「慰安婦」バッシングを超えて』『家永三郎生誕100年――憲法・歴史学・教科書裁判』『徹底批判‼「私たちの道徳」道徳の教科化でゆがめられる子どもたち』『軍事立国への野望』

ほか

〈俵のホームページ〉http://www.ne.jp/asahi/tawara/goma/
〈子どもと教科書全国ネット21〉http://www.ne.jp/asahi/kyokasho/net21/
【連絡先】電話 03-3265-7606

日本会議の全貌――知られざる巨大組織の実態

2016年6月20日　初版第1刷発行
2018年7月20日　初版第3刷発行

著者――俵　義文
発行者――平田　勝
発行――花伝社
発売――共栄書房
〒101-0065　東京都千代田区西神田2-5-11出版輸送ビル2F
電話　03-3263-3813
FAX　03-3239-8272
E-mail　info@kadensha.net
URL　http://www.kadensha.net
振替――00140-6-59661
装幀――黒瀬章夫（ナカグログラフ）
印刷・製本―中央精版印刷株式会社

ISBN978-4-7634-0781-8 C0036

資料

資料１　日本会議中央役員

資料２　日本会議の設立宣言、設立趣意書、綱領など

資料３　日本会議支部一覧

資料４　日本会議の主な活動

資料５　日本会議への参加及び日本会議内での活動が確認されている宗教団体一覧

資料６　第３次安倍晋三内閣および自民党役員の所属議連一覧

資料７　議連所属議員名簿

資料８　日本を守る国民会議の主な役員（1995 年 11 月当時）

資料1　日本会議中央役員

（2016年5月17日現在）

顧問

石井公一郎（ブリヂストンサイクル元社長、教科書改善連絡協議会会長）
北白川道久（神社本庁総理）
鷹司尚武（伊勢神宮大宮司）
服部貞弘（神道政治連盟常任顧問）
渡邊恵進（前天台宗座主）

名誉会長

三好　達（元最高裁判所長官、美しい日本の憲法をつくる国民の会共同代表）

会長

田久保忠衛（外交評論家、杏林大学名誉教授、新しい歴史教科書をつくる会顧問、美しい日本の憲法をつくる国民の会共同代表）

副会長

安西愛子（声楽家、元参議院議員、前日本女性の会会長）
小田村四郎（元拓殖大学総長、明成社社長、「教科書改善の会」世話人、元日本銀行監事、靖国神社崇敬者総代）
小堀桂一郎（東京大学名誉教授）
田中恒清（神社本庁総長）

代表委員

秋本協徳（新生佛教教団最高顧問）
石原慎太郎（作家、元衆議院議員、元東京都知事）
板垣　正（元参議院議員、日本遺族会顧問）
市川晋松（前日本相撲協会前相談役）
伊藤憲一（青山学院大学名誉教授）
稲山霊芳（念法眞教燈主）
今林賢郁（国民文化研究会理事長）
入江隆則（明治大学名誉教授）
宇都宮鐵彦（株式会社日華代表取締役会長、日本会議経済人同志会名誉会長）
大石泰彦（東京大学名誉教授）
岡田光央（崇教真光教え主）
岡野聖法（解脱会法主）
小串和夫（熱田神宮宮司）
尾辻秀久（参議院議員、日本遺族会会長）
加瀬英明（外交評論家、日本会議東京都本部会長、日本教育再生機構代表委員、新しい歴史教科書をつくる会顧問、自由社社長、史実を世界に発信する会代表委員）
城内康光（元ギリシャ大使、元神奈川県警察本部長、元警察庁長官、元警視総監）

黒住宗晴（黒住教教主）
慶野義雄（日本教師会会長、平成国際大学教授）
佐伯彰一（文芸評論家、東京大学名誉教授）
佐藤和男（青山学院大学名誉教授）
澁木正幸（日本会議経済人同志会会長、株式会社廣建取締役会長）
志摩　篤（偕行社理事長）
志摩淑子（朝日写真ニュース社社長）
住母家岩夫（日本会議経済人同志会相談役、電硝エンジニアリング代表取締役社長、NPO 法人持続型環境実践研究会会長）
関口慶一（仏所護念会教団会長）
千　玄室（茶道裏千家前家元、元特攻隊員）
高城治延（伊勢神宮少宮司）
武　覚超（比叡山延暦寺代表役員）
竹本忠雄（筑波大学名誉教授）
長曽我部延昭（神道政治連盟会長、伊豫豆比古神社宮司）
寺島泰三（日本郷友連盟会長、英霊にこたえる会会長）
徳川泰久（靖国神社宮司）
中島精太郎（明治神宮宮司）
中野良子（オイスカインターナショナル総裁）
長谷川三千子（埼玉大学名誉教授、日本女性の会副会長、NHK 経営委員）
廣池幹堂（モラロジー研究所理事長、麗澤大学前学長、学校法人廣池学園理事長）
保積秀胤（大和教団教主）
松山文彦（東京都神社庁庁長）
丸山敏秋（倫理研究所理事長、日本家庭教育学会副会長、親学推進協会評議員）
村松英子（女優・詩人）
横倉義武（日本医師会会長）

監事

加瀬英明（外交評論家、日本会議東京都本部会長、日本教育再生機構代表委員、新しい歴史教科書をつくる会顧問、自由社社長、史実を世界に発信する会代表委員）
澁木正幸（日本会議経済人同志会会長、株式会社廣建会長）

理事長

網谷道弘（明治神宮権宮司、明治神宮崇敬会理事長）

事務総長

椛島有三（元日本青年協議会会長、日本協議会会長）

事務局長

松村俊明（日本会議常任理事）

資料2　日本会議の設立宣言、設立趣意書、綱領など

日本会議　設立宣言

我が国は、古より多様な価値の共存を認め、自然との共生のうちに、伝統を尊重しながら海外文明を摂取し同化させて鋭意国づくりに努めてきた。明治維新に始まるアジアで最初の近代国家の建設は、この国風の輝かしい精華であった。

また、有史以来未曾有の敗戦に際会するも、天皇を国民統合の中心と仰ぐ国柄はいささかも揺らぐことなく、焦土と虚脱感の中から立ち上がった国民の営々たる努力によって、経済大国といわれるまでに発展した。

しかしながら、その驚くべき経済的繁栄の陰で、かつて先人が培い伝えてきた伝統文化は軽んじられ、光輝ある歴史は忘れ去られまた汚辱され、国を守り社会公共に尽くす気概は失われ、ひたすら己の保身と愉楽だけを求める風潮が社会に蔓延し、今や国家の溶解へと向いつつある。

加うるに、冷戦構造の崩壊によってマルクシズムの誤謬は余すところなく暴露されたが、その一方で、世界は各国が露骨に国益を追求し合う新たなる混沌の時代に突入している。にもかかわらず、今日の日本には、この激動の国際社会を生き抜くための確固とした理念や国家目標もない。このまま無為にして過ごせば、亡国の危機が間近に忍び寄ってくるのは避けがたい。

我々は、かかる時代に生きる日本人としての厳しい自覚に立って、国の発展と世界の共栄に貢献しうる活力ある国づくり、人づくりを推進するために本会を設立する。ここに二十有余年の活動の成果を継承し、有志同胞の情熱と力を結集して広汎な国民運動に邁進することを宣言する。

平成9年5月30日　日本会議設立大会

日本会議　設立趣意書

我々「日本を守る会」と「日本を守る国民会議」は、設立以来20有余年にわたり、戦後失われようとしている健全な国民精神を恢弘し、うるわしい歴史と伝統にもとづく国づくりのため相提携して広汎な国民運動を展開してきた。

なかでも、全国の有志とともに運動を展開した元号法制化実現をはじめ、御在位60年や御即位などの皇室敬慕の奉祝運動、歴史教科書の編纂事業や終戦50年に際しての戦没者への追悼事業や昭和史検証事業、さらには、伝統に基づく国家理念を構想した新憲法制定の提唱など、これらは戦後日本の再建を願ってきた我らが国民運動の結晶である。

しかしながら、戦後50年を経た現在、国の内外を巡る諸情勢はますます厳しさを増すばかりである。外にあっては、冷戦の終結後、世界には多くの地域紛争・民族紛争が勃発し、日本を取り巻く東アジアの諸情勢もますます緊迫している。南北の経済格差は増大し、地球環境の悪化は人類の生存にかかわる重大事となっている。今や我が国は、世界からこれらの解決にむけて責任ある国際貢献を強く求められているのである。

ところが内にあっては、独立国家としての国民の気概は薄れ、国益をかえりみない党利党略の政治は、いっそう国民の政治不信を募らせている。一方、東京裁判史観の蔓延は、諸外国へ

の卑屈な謝罪外交を招き、次代を担う青少年の国への誇りと自信を喪失させている。世界有数の経済大国を誇った我が国も、かつての崇高な倫理感が崩壊し、家族や教育の解体などの深刻な社会問題が生起し、国のあらゆる分野で衰退現象が現出しているのである。

かかる現状にかんがみ、我々の国民運動も、新たな時代を迎えて大きく飛躍すべき秋を迎えている。すなわち、ますます深刻化する我が国の危機的状況を打開し、新世紀に生きる国家・国民の将来を展望する、新たな国づくり、人づくりをめざした広汎な国民運動の形成である。そのために我々は、いっそう国政や国民思潮を動かすに足る組織力を強化し、国家基本問題に果敢に取り組む時局対応能力を向上させ、さらに我が国の良き伝統・文化を次代を担う青少年に伝える啓蒙運動を強化することが求められているのである。

ここに、我々日本を守る会と日本を守る国民会議は、従来の国民運動の理念と成果を受け継ぎ、両組織を発展的に統合し、新たな時代に対応する国民運動を全国において展開せんとするものである。

願わくは、全国の心ある人々が我々の趣旨に賛同され、明日の祖国日本のためにともに献身されんことを。

平成9年5月30日

日本会議とは

私たちは、美しい日本の再建と誇りある国づくりのために、政策提言と国民運動を推進する民間団体です。

私達「日本会議」は、前身団体である「日本を守る国民会議」と「日本を守る会」とが統合し、平成9年5月30日に設立された全国に草の根ネットワークをもつ国民運動団体です。

私達の国民運動は、これまでに、明治・大正・昭和の元号法制化の実現、昭和天皇御在位60年や今上陛下の御即位などの皇室のご慶事をお祝いする奉祝運動、教育の正常化や歴史教科書の編纂事業、終戦50年に際しての戦没者追悼行事やアジア共生の祭典の開催、自衛隊PKO活動への支援、伝統に基づく国家理念を提唱した新憲法の提唱など、30有余年にわたり正しい日本の進路を求めて力強い国民運動を全国において展開してきました。

今日、日本は、混迷する政治、荒廃する教育、欠落する危機管理など多くの問題を抱え、前途多難な時を迎えています。私達「日本会議」は、美しい日本を守り伝えるため、「誇りある国づくりを」を合言葉に、提言し行動します。

また、私達の新しい国民運動に呼応して、国会においては超党派による「日本会議国会議員懇談会」が設立されています。私達は、美しい日本の再建をめざし、国会議員の皆さんとともに全国津々浦々で草の根国民運動を展開します。皆様のご声援をよろしくお願いします。

日本会議綱領

一、我々は、悠久の歴史にはぐくまれた伝統と文化を継承し、健全なる国民精神の興隆を期す
一、我々は、国の栄光と自主独立を保持し、国民各自がその所を得る豊かで秩序ある社会の建設をめざす
一、我々は、人と自然の調和をはかり、相互の文化を尊重する共生共栄の世界の実現に寄与する

資料3　日本会議支部一覧

作成：俵　義文（2016年3月31日改訂）

都道府県	支部名	数	女性の会
北海道	上川協議会、十勝、道後、釧路、千歳恵庭、後志、留萌、土地改良職域	8	○
青　森	青森市、弘前、八戸、三沢	4	○
岩　手	花巻	1	
宮　城	仙台、石巻	2	○
秋　田	由利本荘	1	○
山　形			○
福　島	県南、郡山	2	○
栃　木	小山	1	○
群　馬	高崎、前橋	2	○
茨　城	水戸、常陸太田、県西、日立、県南	5	○
埼　玉	川口、三郷、吉川、杉戸、春日部、越谷、草加、岩槻、東武東上南部、東武東上北部、狭山地域、日高、所沢、久喜、さいたま、秩父、深谷	17	○
千　葉	市川、東葛北部、船橋、鎌ケ谷、八千代	5	○
東　京	中野、杉並、世田谷・目黒、豊島、墨田、江東、足立、江戸川、千代田・港、板橋、国立・国分寺、立川、調布、府中、町田、八王子、多摩地区協議会、西多摩	18	○
神奈川	横浜、横須賀、川崎、川崎北、相模原、西湘北、湘南東、湘南西	8	○
山　梨			○
長　野	中信、南信、北信、東信	4	○
新　潟	長岡、新潟、上越、県央、阿賀北、柏崎、糸魚川、見附、燕・西蒲	9	○
富　山			○
石　川	県央、南加賀、南能登、北能登	4	○
福　井			○
岐　阜	羽島市、飛騨、中濃、東濃、可茂	5	○
静　岡	浜松	1	○
愛　知	名古屋、尾張北、西三河、春日井、一宮、名古屋東、名古屋西、名古屋北、名古屋中、瀬戸・尾張北、西春日井、知多	12	○
三　重	伊勢、四日市、鈴亀、名張伊賀、津	5	○
滋　賀			○
京　都	京都北部、洛南	2	
大　阪	大阪市、河内、泉州、北河内、中河内、南河内、北摂津、泉州支部堺部会	8	○
兵　庫	中・西播磨、阪神北、摂丹、西宮・芦屋、東播磨、淡路島、北播磨	7	○
奈　良	奈良北、奈良南、大和	3	○
和歌山	紀南、和歌山	2	○
鳥　取	中部、境港、東部、西部	4	○

都道府県	支部名	数	女性の会
島　根			
岡　山	岡山、玉野、岡山北、津山、真庭、総社、井原、旭、児島、倉敷、岡山東、西大寺、岡山浅口	13	○
広　島	廿日市、福山、三原、呉・江田島、東広島、世羅、尾道、中央、西、安佐	10	○
山　口	周南、岩柳、萩、長門、防府、下関、宇部	7	○
徳　島	美波、鳴門、松茂、板野、北島、阿南・那賀、徳島第一	7	○
香　川	丸亀	1	○
愛　媛	南予、松山城北、四国中央、今治、八幡浜、大洲、東温、西城	8	○
高　知	四万十、安芸、高知	3	○
福　岡	中央、北九州、筑豊、県南	4	○
佐　賀	武雄、佐賀、佐賀東部、唐津、伊万里、藤津	6	○
長　崎	西そのぎ、対馬、平戸、佐世保地区、長崎地区	5	○
熊　本	阿蘇、中部、玉名第一、玉名中央、菊池、天草、菊陽・大津、合志、八代、球磨・人吉、荒尾、中部支部上益城分会、中部支部下益城分会、中部支部宇土分会、阿蘇北、阿蘇中、熊本市	17	○
大　分	中津、別府、日田、佐伯	4	○
宮　崎	延岡、県央、えびの	3	○
鹿児島	川辺、日置、曽於、出水	4	○
沖　縄	宜野湾、豊見城、うるま、やんばる、糸満	5	○
合計		238	

資料４　日本会議の主な活動

作成：俵　義文（2016年5月11日改訂）

1998年11月	「天皇陛下御即位10年をお祝いする国民の集い」(5000人参加)
1998年～99年	道徳教育の推進、国旗国歌法制化をめざす国会論議の展開
1999年	「天皇陛下御即位10年奉祝委員会」(稲葉興作会長）を設置し「奉祝」運動を展開
2000年3月	教育改革を推進するため「日本教育会議」(石井公一郎代表）を設立
2000年9月	「新しい教育基本法を求める会」(西澤潤一会長）を設立
2001年9月	日本会議の女性組織「日本女性の会」(安西愛子会長、06年に小野田町枝に交代)を設立、「女性を元気に国づくり」をスローガンに教育・教科書問題や夫婦別姓反対、男女共同参画反対などで活動
2001年11月	「21世紀の日本と憲法・有識者懇談会」(「民間憲法臨調」、三浦朱門代表）を設立、新憲法の大綱を発表。以後、毎年5月3日に集会を開催
2002年	男女共同参画条例是正運動、国立追悼施設建設反対運動を展開
2002年5月3日	第1回公開憲法フォーラム（「民間憲法臨調」主催）「『民間憲法臨調』はかく主張する！―提言・憲法改正への視角―」
2002年11月3日	第2回公開憲法フォーラム（「民間憲法臨調」主催）「『民間憲法臨調』はかく提言する！―憲法改正の焦点―」
2003年1月	「日本の教育改革有識者懇談会」(「民間教育臨調」、西澤潤一会長）を設立
2003年	教育基本法改正に向けて――全国キャラバン国民署名運動、地方議会決議運動を開始
2003年5月3日	第3回公開憲法フォーラム（「民間憲法臨調」主催）「『民間憲法臨調』はかく訴える！―国民の安全をいかに守るか―」
2003年11月2日	第4回公開憲法フォーラム（「民間憲法臨調」主催）「『民間憲法臨調』はかく訴える！―日本の国家戦略と憲法―」
2004年2月	超党派議連「教育基本法改正促進委員会」(委員長・亀井郁夫参議院議員）設立（衆参380人参加）
2004年5月3日	第5回公開憲法フォーラム（「民間憲法臨調」主催）「国会議員に問う！憲法改正の焦点と戦略」
2004年	イラク派遣自衛隊激励運動
2004年9月	「英国教育調査団」派遣（団長・平沼赳夫、古屋圭司・下村博文・亀井郁夫・山谷えり子・松原仁・笠浩史議員、椛島有三他日本会議事務局）
2004年11月3日	第6回公開憲法フォーラム（「民間憲法臨調」主催）「改憲の壮途へ―21世紀日本の確立―」
2004年11月	「教育基本法改正促進委員会」と「民間教育臨調」が教育基本法改正を求める中央国民大会を開催。教育基本法改正を求める署名350万人、賛同国会議員380人、地方議会決議33都府県、236市区町村
2005年3月	日本会議首都圏地方議員懇談会設立
2005年5月3日	第7回公開憲法フォーラム（「民間憲法臨調」主催）「衆参憲法調査会長および各党代表に聞く　憲法改正問題の現状と方向」
2005年8月	終戦60年国民の集い、靖国神社20万参拝運動（20万5000人が参拝）
2005年	皇室典範改定反対運動
2006年3月7日	女性・女系天皇を容認する皇室典範改定反対の「皇室の伝統を守る国民の会」設立。1万人大会で「男子による万世一系の皇統維持」「皇室敬愛の教育の充実」などを決議

2006年5月3日	第8回公開憲法フォーラム（「民間憲法臨調」主催）「『民間憲法臨調』はかく訴える！—日本の安全保障と憲法9条—」
2006年	皇室の伝統を守る国民運動を展開
2006年9月	安倍政権「美しい国創り内閣」の誕生を熱烈に支援
2007年5月3日	第9回公開憲法フォーラム（「民間憲法臨調」・新憲法制定促進委員会準備会と共催）「『民間憲法臨調』はかく訴える！憲法改正を政治のステージへ」
2007年10月6日	日本会議・「日本会議議連」結成10周年記念大会
2007年10月6日	日本会議地方議員連盟設立
2007年11月28日	「日本会議議連」総会。沖縄教科書検定記述（「集団自決」の軍強制削除問題）について検定制度堅持及び全国学力テスト結果の情報公開要求を決議
2008年2月	学習指導要領改訂案に対して「16項目の改善要求」を提案。文科省に対して学習指導要領に対する要望書提出を呼びかけ
2008年5月3日	第10回公開憲法フォーラム（「民間憲法臨調」主催）「緊急提言　国会は『憲法審査会』での改憲論議を急げ！」
2008年6月2日	「天皇陛下御即位20年奉祝委員会」（会長・岡村正日本商工会議所会頭）設立
2008年	「新教育基本法に基づく教科書を！—反日自虐教科書から日本の誇りを育てる教科書へ—」キャンペーン開始
2008年9月22日	「日本会議議連」が新教育基本法に基づく新たな教科書検定制度を求める国会議員署名218名分を町村信孝官房長官（当時）と鈴木恒夫文科相（当時）に提出。参加議員は、古屋圭司・萩生田光一・赤池誠章衆議院議員、衛藤晟一・義家公介参議院議員。同署名は10月9日現在236名
2008年12月19日	「天皇陛下御即位20年奉祝」中央式典
2009年～	外国人参政権反対キャンペーン
2009年5月3日	第11回公開憲法フォーラム（「民間憲法臨調」主催）「国の安全・独立と憲法9条—対馬・ソマリアを問う—」
2009年12月7日	「これでいいのか日本〈千島が危ない〉韓国に侵される国境の島」、対馬・竹島など領土ナショナリズムキャンペーン
2009年12月23日	「ストップ！外国人参政権・夫婦別姓」集会
2010年1月25日	永住外国人地方参政権に反対する国民集会（国会議員20人、地方議員100人を含む1100人参加）
2010年	「夫婦別姓」「外国人参政権」は「国家解体法案」キャンペーン
2010年3月20日	「夫婦別姓は家族の絆を破壊する」「家族の絆を守る国民大会」
2010年4月17日	外国人参政権に反対する1万人大会（日本武道館）。35県議会、234市町村議会決議、551自治体首長・3411地方議員が署名
2010年5月3日	第12回公開憲法フォーラム（「民間憲法臨調」主催）「いま、あらためて国家を考える！—現憲法の落とし穴—」
2010年9月30日	「これでいいのかい日本！　守れ　尖閣諸島緊急集会」
2010年11月21日	尖閣諸島を守る全国国民集会（1250人）
2011年5月3日	第13回公開憲法フォーラム（「民間憲法臨調」主催）「いま、直面する国家的危機から憲法問題を考える！—領土・大震災の視点から—」
2011年12月8日	日本女性の会設立10周年記念集会（明治神宮）（1800人参加）
2012年3月30日	尖閣を守れ　領海警備の強化を求める国民集会（600人）
2012年5月3日	第14回公開憲法フォーラム（「民間憲法臨調」主催）「国会に問う、憲法改正の道筋を！—安全保障・緊急事態への対処の視点から—」

2012年5月30日	万世一系の皇統を守る「皇室の伝統を守る国民の会」（会長・三好達日本会議会長）設立
2012年6月〜	高校日本史教科書攻撃キャンペーン
2013年〜	教育再生、憲法改正早期実現の運動展開
2013年5月3日	第15回公開憲法フォーラム（「民間憲法臨調」主催）「参議院選挙の争点に憲法改正問題を！—96条・領土・非常事態—」
2013年11月13日	憲法改正の実現へ！日本会議全国代表者大会（800名）
2014年5月3日	第16回公開憲法フォーラム（「民間憲法臨調」主催）「国家のあり方を問う！—憲法改正の早期実現を—」
2014年〜現在	「女子の集まる憲法おしゃべりカフェ」を各地で開催
2014年7月1日	「集団的自衛権の行使容認に関する見解」を発表して安倍政権を激励
2014年10月1日	「美しい日本の憲法をつくる国民の会」設立
2015年2月11日	建国記念の日　奉祝中央式典　全国各地で奉祝式典開催
2015年3月15日	美しい日本の憲法をつくる国民の会2015年度総会を開催
2015年4月16日	第54回常任理事会で田久保忠衛が第4代会長に選任される。三好達は名誉会長に就任
2015年5月3日	第17回公開憲法フォーラム、「民間憲法臨調」と美しい日本の憲法をつくる国民の会が共催、「憲法改正、待ったなし」を開催。全国各地で憲法「改正」を求める催しを開催
2015年6月20日〜	「憲法改正で日本を守ろう！全国縦断キャラバン（毎年実施）
2015年7月1日〜21日	美しい日本の憲法をつくる国民の会が全国縦断キャラバン。「都道府県民の会」の設立、賛同者を集める推進委員の拡充を目的に
2015年8月13日	「平和安全法制の早期成立を求める国民フォーラム」結成
2015年8月15日	第29回戦没者追悼中央国民集会を「英霊に追悼と感謝の誠を　安倍首相『戦後70年談話』を受けて」を開催（英霊にこたえる会、共同で声明発表）、『日本の息吹』（15年10月号）で「安倍談話」を称賛する記事を多数掲載
2015年11月10日	美しい日本の憲法をつくる国民の会が「今こそ憲法改正を！武道館1万人大会」を開催。11,000人が参加。安倍首相がビデオメッセージ。『日本の息吹』11月号全ページを使った「憲法改正特集号」
2016年2月11日	建国記念の日　奉祝中央式典　全国各地で奉祝式典開催
2016年4月6日	美しい日本の憲法をつくる国民の会「平成28年度総会」を開催、憲法「改正」賛同署名が607万人と発表
2016年5月3日	第18回公開憲法フォーラム、「民間憲法臨調」と美しい日本の憲法をつくる国民の会が共催、「憲法改正、待ったなし」を開催。全国各地で憲法「改正」を求める催しを開催、憲法「改正」賛同署名が700万人突破と発表

資料5　日本会議への参加及び日本会議内での活動が確認されている宗教団体一覧

作成：俵　義文

宗教団体名	文化庁分類	備考
神社本庁	神道系	
伊勢神宮	神道系	
熱田神宮	神道系	
靖国神社	神道系	
明治神宮	神道系	
岩津天満宮	神道系	
鶴岡八幡宮	神道系	
東京都神社庁	神道系	
黒住教	新派神道系	
オイスカインターナショナル	新派神道系	本体は三五教
大和教団	新派神道系	
天台宗	仏教系（天台）	
比叡山延暦寺	仏教系（天台）	
念法眞教	仏教系（天台）	
霊友会	仏教系（日蓮）	
仏所護念会教団	仏教系（日蓮）	霊友会よりの分派
国柱会	仏教系（日蓮）	
新生佛教教団	仏教系（その他）	
キリストの幕屋	キリスト教系	
崇教真光	諸教	
解脱会	諸教	
モラロジー研究所	諸教	天理教よりの分派
倫理研究所	諸教	ＰＬ教団よりの分派

日本会議の活動に参加する地方の神社庁と神社一覧（文化庁分類はすべて神道系）

宗教団体名	所在地
宮城縣神社廳	
千葉県神社庁	
山梨県神社庁	
新潟県神社庁	
石川県神社庁	
大阪府神社庁	
奈良県神社庁	
和歌山県神社庁	
島根県神社庁	
高知県神社庁	
熊本県神社庁	
大分県神社庁	
宮崎県神社庁	

宗教団体名	所在地
沖縄県神社庁	
日枝神社	東京都千代田区
鶴岡八幡宮	神奈川県鎌倉市
伏見稲荷大社	京都市伏見区
北海道神宮	北海道札幌市
旭川神社	北海道旭川市
室蘭中嶋神社	北海道室蘭市
高山稲荷神社	青森県つがる市
櫛引八幡宮	青森県八戸市
陸中一宮駒形神社	岩手県奥州市
志波彦神社	宮城県塩釜市
鹽竈神社	宮城県塩釜市
宮城縣護國神社	宮城県仙台市

宗教団体名	所在地
竹駒神社	宮城県岩沼市
出羽三山神社	山形県鶴岡市
開成山大神宮	福島県郡山市
福島縣護國神社	福島県福島市
延喜式内佐麻久嶺神社	福島県いわき市
鹿島神宮	茨城県鹿嶋市
笠間稲荷神社	茨城県笠間市
常磐神社	茨城県水戸市
酒列磯前神社	茨城県ひたちなか市
中山神社	さいたま市緑区
北野天神（物部天神社・國渭地祇神社・天満天神社）	埼玉県所沢市
神田神社（神田明神）	東京都文京区
乃木神社	東京都港区
冨岡八幡宮	東京都江東区
湯島天満宮	東京都文京区
藏前神社	東京都墨田区
牛嶋神社	東京都墨田区
八津御嶽神社	東京都中野区
大宮八幡宮	東京都杉並区
天祖神社	東京都板橋区
武蔵総社大國魂神社	東京都府中市
東伏見稲荷神社	東京都西東京市
瀬戸神社	横浜市金沢区
師岡熊野神社	横浜市港北区
相模国四之宮前鳥神社	神奈川県平塚市
座間神社	神奈川県座間市
相模国一之宮寒川神社	神奈川県高座郡寒川町
箱根神社	神奈川県足柄下郡箱根町
武田神社	山梨県甲府市
燕市戸隠神社	新潟県燕市
富山縣護國神社	富山県富山市
越中一宮高瀬神社	富山県南砺市
白山比咩神社	石川県白山市
菅生石部神社	石川県白山市
小濱神社	石川県河北郡内灘町
三嶋大社	静岡県三島市
富士山本宮浅間大社	静岡県富士宮市
小國神社	静岡県周智郡森町
静岡浅間大社	静岡市葵区
久能山東照宮	静岡市駿河区
三河國一之宮砥鹿神社	愛知県豊川市
尾張国一之宮真清田神社	愛知県一宮市
二見興玉神社	三重県伊勢市

宗教団体名	所在地
伊勢国一之宮猿田彦大本宮椿天神社	三重県鈴鹿市
貴船神社	京都市左京区
賀茂別雷神社	京都市北区
石清水八幡宮	京都府八幡市
出雲大社巌分祀	京都府与謝郡与謝町
大阪天満宮	大阪市北区
住吉大社	大阪市住吉区
菅原神社	堺市堺区
石切劔箭神社	大阪府東大阪市
藤森神社	大阪市摂津市
湊川神社	神戸市中央区
生田神社	神戸市中央区
淡路國一宮伊弉諾神宮	兵庫県淡路市
猪名野神社	兵庫県伊丹市
大和一宮三輪明神大神神社	奈良県桜井市
與喜天満神社	奈良県桜井市
紀州東照宮	和歌山県和歌山市
丹生神社	和歌山県和歌山市
熊野本宮大社	和歌山県田辺市
熊野速玉大社	和歌山県新宮市
熊野那智大社	和歌山県東牟婁郡那智勝浦町
因幡一ノ宮	鳥取県鳥取市
出雲國造出雲大社	島根県出雲市
出雲國一之宮熊野大社	島根県松江市
厳島神社	広島県廿日市市
遠石八幡宮	山口県周南市
伊豫豆彦命神社	愛媛県松山市
伊曽乃神社	愛媛県西条市
石鎚神社	愛媛県西条市
戸上神社	北九州市門司区
筥崎八幡宮	福岡市東区
福岡縣護国神社	福岡市中央区
太宰府天満宮	福岡県太宰府市
宮地嶽神社	福岡県福津市
祐徳稲荷神社	佐賀県鹿島市
大分縣護國神社	大分県大分市
幣立神宮	熊本県上益城郡山都町
春日神社	熊本市西区
高千穂神社	宮崎県西臼杵郡高千穂町
鹿児島縣護國神社	鹿児島県鹿児島市
箱崎八幡神社	鹿児島県出水市

資料6　第3次安倍晋三内閣および自民党役員の所属議連一覧

作成：俵　義文（2016年5月26日改訂）

大臣	氏名	所属の議員連盟など
総理	安倍晋三	歴史、日本（特別顧問）、教科書（顧問）、神道（会長）、靖国、改憲、同盟（顧問）、創生（会長）、拉致（顧問）、「慰安婦」、親学（会長）、人格（最高顧問）
副総理・財務・金融（デフレ脱却）	麻生太郎	日本（特別顧問）、神道、靖国、教基法（顧問）、改憲、同盟、創生（副会長）、拉致（顧問）
総務	高市早苗	日本（副会長）、教科書（幹事長代理）、神道、靖国、若手靖国、教基法、改憲、創生（副会長）、反日教組、拉致、「慰安婦」、人格（顧問）
法務	岩城光英	神道、靖国、同盟（参）
外務	岸田文雄	歴史、日本、教科書、神道
文部科学・教育再生	馳　浩	教科書、神道、靖国、同盟、親学、反日教組
厚生労働	塩崎恭久	日本、教科書、神道、靖国、改憲、創生（副会長）
農林水産	森山　裕	日本、神道、靖国、若手靖国、創生（委員）、正しい
経済産業・産業競争力・原子力経済被害	林　幹雄	日本、教科書、神道、靖国、改憲
国土交通・水循環	石井啓一	（公明党）
環境・原子力防災	丸川珠代	日本、神道、靖国、創生（事務局次長）（参）
防衛	中谷　元	日本、教科書、神道、靖国、改憲
復興・福島原発再生	高木　毅	神道、靖国、創生（副幹事長）、拉致（事務局長代理）
国家公安・行政改革・国公務員制度・消費者・食品安全・防災	河野太郎	神道、改憲
沖縄北方・科学技術	島尻安伊子	日本、靖国
経済財政・経済再生	石原伸晃	神道、改憲、同盟（副会長）、創生（委員）
1億総活躍・拉致問題・女性活躍	加藤勝信	日本（副幹事長）、神道、靖国、若手靖国、同盟、創生（元事務局長）
地方創生	石破　茂	日本（相談役）、神道、靖国、改憲、拉致（顧問）
オリンピック	遠藤利明	教科書、神道、靖国
官房長官・沖縄基地	菅　義偉	日本（副会長）、教科書、神道、靖国、改憲、拉致、創生（副会長）

首相補佐官	氏名	所属の議員連盟など
教育再生・少子化・その他の国政の重要課題	衛藤晟一	歴史、日本（幹事長）、教科書（会長代行）、神道、靖国、教基法（副委員長）、改憲、同盟、創生（幹事長）、反日教組、拉致（副会長）、「慰安婦」、正しい（参）
ふるさとづくり推進・文化外交	河井克行	神道、靖国
国家安全保障・選挙制度	柴山昌彦	日本、神道、靖国、創生（委員）、反日教組

内閣官房	氏名	所属の議員連盟など
官房副長官	萩生田光一	日本（元事務局長）、教科書（沖縄問題小委員長）、神道、靖国、若手靖国、同盟、創生（前事務局長）、反中国（幹事長）、正しい（幹事長）、人格（副幹事長）
官房副長官	世耕弘成	日本、神道、靖国、改憲、同盟、創生（副会長）、反日教組、「慰安婦」（参）

副大臣	氏名	所属の議員連盟など
復興	長島忠美	日本、神道、靖国、創生（委員）
復興	若松謙維	（公明党）（参）
内閣府	高鳥修一	日本（事務局次長）、神道、靖国、創生（委員）、正しい、拉致
内閣府	松本文明	日本、靖国、同盟、創生（委員）、W・P、米抗議
内閣府	福岡資麿	神道、靖国（参）
総務	土屋正忠	日本、神道、靖国、同盟、創生（委員）、反日教組
総務・内閣府	松下新平	日本、神道、靖国、同盟、創生（委員）、拉致、南京（参）
法務・内閣府	盛山正仁	
外務	木原誠二	日本（幹事）、靖国、同盟、創生（委員）
外務	武藤容治	日本、神道、靖国、W・P
財務	坂井　学	W・P
財務	岡田直樹	神道、靖国、同盟（事務局次長）、創生（事務局次長）（参）
文部科学	義家弘介	日本、教科書（事務局長）、神道、創生（事務局次長）、親学、反日教組（幹事長）、「慰安婦」、人格（幹事）
文部科学・内閣府	冨岡　勉	日本、神道、靖国
厚生労働	竹内　譲	（公明党）
厚生労働	渡嘉敷奈緒美	日本、神道、靖国、同盟
農林水産	伊東良孝	日本、神道、靖国、創生（委員）
農林水産	齋藤　健	日本、神道、創生（委員）
経済産業	鈴木淳司	日本、靖国、創生（委員）
経済産業・内閣府	高木陽介	（公明党）
国土交通	土井　亨	日本（幹事）、神道、靖国、同盟、W・P
国交・内閣・復興	山本順三	日本、神道、靖国、若手靖国、同盟、「慰安婦」（参）
環境	平口　洋	日本、神道
環境・内閣府	井上信治	日本、神道、靖国、若手靖国、改憲、創生（委員）、反日教組、親学、拉致、人格（幹事）
防衛・内閣府	若宮健嗣	

大臣政務官	氏名	所属の議員連盟など
内閣府	牧島かれん	神道
内閣府	酒井庸行	日本、神道、靖国、創生（委員）（参）
内閣府・復興	高木宏壽	日本、神道
総務	輿水恵一	（公明党）
総務	森屋　宏	日本、神道、創生（委員）（参）
総務・内閣府	古賀　篤	
法務・内閣府	田所嘉徳	日本、神道
外務	黄川田仁志	日本
外務	濱地雅一	（公明党）
外務	山田美樹	神道、靖国
財務	大岡敏孝	日本、神道、靖国
財務	中西祐介	神道、靖国（参）
文部科学	堂故　茂	神道、創生（委員）（参）
文科・内閣・復興	豊田真由子	神道、靖国
厚生労働	三ッ林裕巳	日本、神道、靖国、改憲、反日教組
厚生労働	太田房江	日本、靖国、創生（委員）（参）
農林水産	加藤寛治	日本、神道、靖国
農林水産	佐藤英道	（公明党）

経済産業	北村経夫	靖国、創生（委員）（参）
経産・内閣・復興	星野剛士	日本、神道、靖国
国土交通	宮内秀樹	日本、靖国
国土交通	江島　潔	靖国、創生（委員）（参）
国土交通・内閣府	津島　淳	日本、神道、靖国
環境	鬼木　誠	日本、神道、靖国
環境・内閣府	白石　徹	神道、靖国
防衛	熊田裕通	日本、靖国
防衛・内閣府	藤丸　敏	靖国

自民党役員	氏名	所属の議員連盟など
副総裁	高村正彦	神道、靖国、同盟（副会長）、拉致（顧問）
幹事長	谷垣禎一	歴史、日本（顧問）、神道、靖国、同盟（顧問）
幹事長代行	細田博之	歴史、神道、靖国
幹事長代理	棚橋泰文	日本、教科書、神道、靖国、改憲
副幹事長 ＊総裁特別補佐	下村博文	日本（副会長）、教科書（幹事長）、神道、靖国、若手靖国、教基法（委員長代理）、改憲、同盟、創生（副会長）、反日教組、正しい、「慰安婦」、親学（事務局長）、人格（会長）
筆頭副幹事長	松本　純	神道、靖国、改憲、創生（委員）
総務会長	二階俊博	靖国、改憲、同盟（副会長）
政調会長	稲田朋美	日本（政策審議副会長）、教科書、神道、靖国、同盟、創生（事務局長代理）、正しい（事務局長）、南京、反中国（事務局長）、W・P、「慰安婦」、拉致（幹事）
政調会長代行	塩谷　立	日本、神道、靖国、同盟、親学（副会長）
政調会長代理	田村憲久	日本、神道、靖国、人格（会長代行）
政調会長代理	小野寺五典	日本、神道、靖国、創生（委員）、人格（顧問）
選対委員長	茂木敏光	日本、神道、靖国、改憲
衆議院運営委員長	逢沢一郎	歴史、日本、神道、靖国、改憲、同盟、拉致
広報本部長	木村太郎	日本、神道、靖国、改憲、同盟（監事）、創生（委員）
国対委員長	佐藤　勉	教科書、神道、靖国、改憲
文部科学部会長	木原　稔	日本、神道、靖国、創世（事務局長）、W・P、自民党文科部会長
参・議員会長	横手顕正	神道、同盟
参・幹事長	伊達忠一	神道、靖国、同盟
参・国対委員長	吉田博美	神道、靖国、改憲
参・政審会長	鶴保庸介	神道、靖国、改憲、同盟、反日教組

歴史＝自民党歴史・検討委員会
日本＝日本会議国会議員懇談会（「日本会議議連」）
教科書＝日本の前途と歴史教育を考える議員の会（「教科書議連」）
神道＝神道政治連盟国会議員懇談会（「神道議連」
靖国＝みんなで靖国神社に参拝する議員の会・この数年間の靖国参拝議員（「靖国議連」）
若手靖国＝平和を願い真の国益を考え靖国神社参拝を支持する若手国会議員の会
創生＝創生「日本」
改憲＝憲法調査推進議員連盟（超党派の「改憲議連」）
同盟＝新憲法制定議員同盟（超党派の「改憲同盟」）
教基法＝教育基本法改正促進委員会（自民・民主による超党派議連）
拉致＝北朝鮮に拉致された日本人を早期に救出するために行動する議員連盟（「拉致議連」）
正しい＝正しい日本を創る会
反中国＝中国の抗日記念館から不当な写真の撤去を求める国会議員の会
南京＝映画「南京の真実」賛同者
W・P＝米「ワシントンポスト」への「慰安婦」否定の意見広告に賛同した議員
米抗議＝アメリカ下院の「慰安婦」決議への抗議文に署名した議員
「慰安婦」＝米・ニュージャージー州「スターレッジャー」に「慰安婦」否定の意見広告に賛同した議員
反日教組＝日教組問題を究明し、教育正常化実現に向け教育現場の実態を把握する議員の会
親学＝親学推進議員連盟
人格＝人格教養教育推進議員連盟
※これらの議連など解説は俵義文ほか共著『軍事立国への野望』（かもがわ出版）又は『安倍晋三の本性』（金曜日）参照

資料7　議連所属議員名簿

作成：俵　義文

	氏名	選挙区	日本会議国会議員懇談会	神道政治連盟国会議員懇談会	みんなで靖国神社に参拝する国会議員の会	創生「日本」
自民党衆議院	あかま二郎	神奈川14区		○	○	
	秋葉賢也	宮城2区				○
	あべ俊子	比例中国		○	○	
	安倍晋三	山口4区	○	○	○	○
	逢沢一郎	岡山1区	○	○	○	
	青山周平	比例東海	○	○	○	
	赤枝恒雄	比例東京				
	赤澤亮正	鳥取2区			○	
	秋葉賢也	宮城2区		○	○	
	秋元　司	比例東京	○	○	○	○
	秋本真利	千葉9区		○	○	
	麻生太郎	福岡8区	○	○	○	○
	穴見陽一	比例九州	○	○	○	
	甘利　明	神奈川13区	○	○	○	
	安藤　裕	比例近畿	○	○	○	
	井上信治	東京25区	○	○	○	○
	井上貴博	福岡1区	○	○	○	
	井林辰憲	静岡2区	○	○	○	
	伊東良孝	北海道7区	○	○	○	○
	伊藤信太郎	宮城1区		○		
	伊藤忠彦	愛知8区		○		
	伊東達也	東京22区		○		
	伊吹文明	京都1区	○	○	○	
	今枝宗一郎	愛知14区	○			
	池田道孝	比例中国	○		○	
	池田佳隆	比例東海	○	○	○	
	石崎　徹	新潟1区		○		
	石川昭政	比例北関東		○	○	
	石田真敏	和歌山2区		○	○	
	石原伸晃	東京8区		○	○	○
	石原宏高	東京3区	○	○	○	
	石破　茂	鳥取1区	○	○	○	
	稲田朋美	福井1区	○	○	○	○
	今津　寛	比例北海道	○	○	○	○
	今村雅弘	比例九州	○	○	○	○
	岩田和親	比例九州	○	○	○	
	岩屋　毅	大分3区	○	○	○	○
	上野賢一郎	滋賀2区		○	○	
	江崎鉄磨	愛知10区			○	
	江渡聡徳	青森2区	○	○	○	
	江藤　拓	宮崎2区	○	○	○	○
	衛藤征士郎	大分2区	○	○	○	

	氏名	選挙区	日本会議 国会議員懇談会	神道政治連盟 国会議員懇談会	みんなで靖国 神社に参拝する 国会議員の会	創生「日本」
自民党衆議院	遠藤利明	山形1区		○	○	
	小倉將信	東京23区	○		○	
	小此木八郎	神奈川3区		○	○	○
	小里泰弘	鹿児島4区	○	○	○	○
	小田原潔	東京21区	○		○	
	小野寺五典	宮城6区		○	○	○
	小渕優子	群馬3区		○	○	
	大岡敏孝	滋賀1区	○	○	○	
	大串正樹	兵庫6区		○	○	
	大島理森	青森3区	○	○	○	
	大隅和英	比例近畿	○			
	大塚高司	大阪8区	○	○	○	
	大塚　拓	埼玉9区	○	○		
	大西英男	東京16区	○	○	○	
	大西宏幸	比例近畿	○	○	○	
	大野敬太郎	香川3区	○	○	○	
	大見　正	比例東海		○	○	
	岡下昌平	比例近畿	○	○	○	
	奥野信亮	奈良3区	○	○	○	○
	越智隆雄	東京6区	○			○
	尾身朝子	比例北関東	○			
	加藤鮎子	山形3区		○		
	鬼木　誠	福岡2区	○	○	○	
	加藤勝信	岡山5区	○	○	○	○
	加藤寛治	長崎2区	○	○	○	
	梶山弘志	茨城4区	○	○	○	○
	勝沼栄明	比例東北	○	○	○	
	勝俣孝明	比例東海	○	○	○	
	門　博文	比例近畿		○		
	門山宏哲	比例南関東	○	○		
	金子恵美	比例東北	○	○	○	
	金子一義	岐阜4区		○	○	
	金子万寿夫	鹿児島2区	○	○		
	金子恭之	熊本5区	○	○	○	
	金田勝年	秋田2区	○	○	○	
	上川陽子	静岡1区		○		
	神谷　昇	比例近畿	○	○		
	神山佐市	埼玉7区	○	○	○	
	亀岡偉民	福島1区	○	○	○	○
	鴨下一郎	東京13区	○			○
	川崎二郎	三重1区		○	○	
	河井克行	広島3区		○	○	
	河村建夫	山口3区	○	○	○	
	神田憲次	比例東海	○	○	○	
	菅家一郎	比例東北		○	○	

	氏名	選挙区	日本会議 国会議員懇談会	神道政治連盟 国会議員懇談会	みんなで靖国神社に参拝する国会議員の会	創生「日本」
自民党衆議院	木内　均	比例北陸信越	○		○	
	木原誠二	東京 20 区	○		○	○
	木原　稔	熊本 1 区	○	○	○	○
	木村太郎	青森 4 区	○	○	○	○
	城内　実	静岡 7 区	○	○	○	○
	黄川田仁志	埼玉 3 区	○	○		
	岸　信夫	山口 2 区	○	○	○	○
	岸田文雄	広島 1 区	○	○		
	北川知克	大阪 12 区		○		
	北村茂男	石川 3 区	○	○	○	○
	北村誠吾	長崎 4 区	○	○	○	
	工藤彰三	愛知 4 区	○	○	○	
	国場幸之助	比例九州	○			○
	熊田裕通	愛知 1 区	○		○	
	小池百合子	東京 10 区	○		○	
	小泉進次郎	神奈川 11 区			○	
	小泉龍司	埼玉 11 区				○
	小島敏文	比例中国	○	○	○	
	小林鷹之	千葉 2 区	○	○		
	小林史明	広島 7 区	○	○	○	
	小松　裕	比例北陸信越		○	○	
	今野智博	比例北関東	○	○	○	
	後藤茂之	長野 4 区		○	○	
	後藤田正純	徳島 1 区		○	○	
	河野太郎	神奈川 15 区		○		
	高村正彦	山口 1 区		○	○	
	齋藤　健	千葉 7 区	○	○		○
	斎藤洋明	比例北陸信越	○	○	○	
	坂本哲志	熊本 3 区	○	○	○	
	櫻田義孝	千葉 8 区	○	○	○	○
	左藤　章	大阪 2 区	○	○	○	○
	笹川博義	群馬 3 区	○			
	佐々木　紀	石川 2 区	○	○	○	
	佐田玄一郎	群馬 1 区		○	○	
	佐藤　勉	栃木 4 区		○	○	
	佐藤ゆかり	大阪 11 区	○	○	○	
	塩崎恭久	愛媛 1 区	○	○	○	○
	塩谷　立	静岡 8 区	○	○	○	
	柴山昌彦	埼玉 8 区	○	○	○	○
	島田佳和	比例東海	○	○	○	
	下村博文	東京 11 区	○	○	○	○
	白石　徹	愛媛 3 区		○	○	
	白須賀貴樹	千葉 13 区		○	○	
	新谷正義	比例中国	○	○	○	
	新藤義孝	埼玉 2 区	○	○	○	○

	氏名	選挙区	日本会議国会議員懇談会	神道政治連盟国会議員懇談会	みんなで靖国神社に参拝する国会議員の会	創生「日本」
自民党衆議院	菅　義偉	神奈川２区	○	○	○	○
	菅原一秀	東京９区	○	○	○	
	鈴木馨祐	神奈川７区		○		○
	鈴木俊一	岩手２区		○	○	
	鈴木淳司	比例東海	○		○	○
	鈴木隼人	比例東京		○		
	関　芳弘	兵庫３区		○	○	
	瀬戸隆一	比例四国	○	○	○	
	薗浦健太郎	千葉５区	○	○	○	○
	園田博之	熊本４区			○	
	平　将明	東京４区				
	田所嘉徳	茨城１区	○	○		
	田中和徳	神奈川 10 区		○	○	
	田中英之	京都４区	○	○	○	
	田中良生	埼玉 15 区	○	○	○	
	田野瀬太道	奈良４区		○	○	
	田畑裕明	富山１区	○	○	○	
	田村憲久	三重４区	○	○	○	
	高市早苗	奈良２区	○	○	○	○
	高木宏壽	北海道３区	○	○		
	高木　毅	福井２区		○	○	○
	高鳥修一	新潟６区	○	○	○	○
	高橋ひなこ	比例東北		○	○	
	竹下　亘	島根２区	○	○	○	
	竹本直一	大阪 15 区	○	○	○	
	武田良太	福岡 11 区	○	○	○	○
	武部　新	北海道 12 区	○	○	○	
	武井俊輔	宮崎１区	○	○	○	
	武村展英	滋賀３区	○	○	○	
	橘　慶一郎	富山３区		○		
	棚橋泰文	岐阜２区	○	○	○	
	谷　公一	兵庫５区		○		
	谷垣禎一	京都５区	○	○	○	
	谷川とむ	比例近畿	○			
	谷川弥一	長崎３区		○	○	○
	津島　淳	青森１区	○	○	○	
	土屋品子	埼玉 12 区			○	
	土屋正忠	東京 18 区	○	○	○	○
	寺田　稔	広島５区	○	○	○	
	土井　亨	宮城１区	○	○	○	
	冨樫博之	秋田１区	○	○	○	
	渡海紀三朗	兵庫 10 区		○	○	
	とかしきなおみ	大阪７区	○	○	○	
	冨岡　勉	長崎１区	○	○	○	
	豊田真由子	埼玉４区		○	○	

	氏名	選挙区	日本会議 国会議員懇談会	神道政治連盟 国会議員懇談会	みんなで靖国 神社に参拝する 国会議員の会	創生「日本」
自民党衆議院	中村裕之	北海道4区	○	○	○	
	中川俊直	広島4区		○		
	中川郁子	北海道11区	○	○	○	
	中谷　元	高知1区	○	○	○	
	中谷真一	比例南関東	○	○	○	
	中根一幸	比例北関東		○		
	中山泰秀	大阪4区	○	○	○	○
	永岡桂子	比例北関東	○	○	○	○
	長尾　敬	比例近畿	○	○	○	
	長坂康正	愛知9区	○	○	○	
	長島忠美	新潟5区	○	○	○	○
	二階俊博	和歌山3区			○	
	丹羽雄哉	茨城6区		○	○	
	西川公也	比例関東		○	○	
	西村明宏	宮城3区	○	○	○	
	西村康稔	兵庫9区	○	○	○	○
	西銘恒三郎	比例九州			○	
	額賀福志郎	茨城2区	○	○	○	
	根本　匠	福島2区		○	○	
	根本幸典	愛知15区	○	○	○	
	野田聖子	岐阜1区	○	○	○	
	野田　毅	熊本2区	○	○		
	野中　厚	埼玉12区	○	○	○	
	葉梨康弘	茨城3区		○		
	萩生田光一	東京24区	○	○	○	○
	馳　浩	石川1区		○	○	
	橋本　岳	岡山4区	○	○	○	
	橋本英教	比例東北		○		
	鳩山邦夫	福岡6区			○	
	浜田靖一	千葉12区	○	○	○	
	林　幹雄	千葉10区	○	○	○	
	原田憲治	大阪9区		○	○	
	原田義昭	福岡5区		○	○	
	平井たくや	香川1区		○	○	
	平口　洋	広島2区	○	○		
	平沢勝栄	東京17区	○	○	○	○
	平沼赳夫	岡山3区	○	○	○	○
	福井　照	比例四国	○	○	○	
	福田達夫	群馬4区				
	ふくだ峰之	比例南関東			○	
	福山　守	比例四国	○	○	○	
	藤丸　敏	福岡7区			○	
	藤井比早之	兵庫4区	○	○		
	藤原　崇	比例東北		○	○	
	船田　元	栃木1区		○		

	氏名	選挙区	日本会議 国会議員懇談会	神道政治連盟 国会議員懇談会	みんなで靖国 神社に参拝する 国会議員の会	創生「日本」
自民党衆議院	古川禎久	宮崎３区	○	○	○	○
	古田圭一	比例中国		○		
	古屋圭司	岐阜５区	○	○	○	○
	星野剛士	神奈川 12 区	○	○	○	
	細田健一	新潟２区	○	○	○	
	細田博之	島根１区		○		
	堀井　学	北海道９区	○	○	○	
	堀内詔子	比例南関東	○	○	○	
	前田一男	比例北海道	○	○	○	
	牧島かれん	神奈川 17 区		○		
	牧原秀樹	比例北関東	○	○		○
	松島みどり	東京 14 区		○		
	松野博一	千葉３区	○	○		○
	松本　純	神奈川 11 区		○	○	○
	松本文明	比例東京	○		○	○
	松本洋平	東京 19 区	○	○	○	○
	三ツ林裕巳	埼玉 14 区	○	○	○	
	三ツ矢憲生	三重５区		○	○	
	三原朝彦	福岡９区	○	○	○	
	御法川信英	秋田３区	○	○	○	
	宮内秀樹	福岡４区	○		○	
	宮川典子	比例南関東	○	○	○	
	宮腰光寛	富山２区	○	○		
	宮崎謙介	京都３区	○	○	○	
	宮崎政久	比例九州	○		○	
	宮澤博行	静岡３区	○	○	○	○
	宮下一郎	長野５区	○	○	○	
	宮路拓馬	比例九州			○	
	務台俊介	長野２区			○	
	武藤容治	岐阜３区	○	○	○	
	村上誠一郎	愛媛２区	○		○	
	村井英樹	埼玉１区		○		
	望月義夫	静岡４区	○	○	○	
	茂木敏充	栃木５区	○	○	○	
	森　英介	千葉 11 区	○	○	○	
	森山　裕	鹿児島５区	○	○	○	○
	八木哲也	比例東海			○	
	保岡興治	鹿児島１区	○	○	○	
	簗　和生	栃木３区	○	○	○	
	山際大志郎	神奈川 18 区		○		○
	山口俊一	徳島２区	○	○	○	○
	山口泰明	埼玉 10 区		○	○	○
	山下貴司	岡山２区	○	○	○	○
	山田賢司	兵庫７区	○	○	○	
	山田美樹	東京１区		○	○	

	氏名	選挙区	日本会議国会議員懇談会	神道政治連盟国会議員懇談会	みんなで靖国神社に参拝する国会議員の会	創生「日本」
自民党衆議院	山本公一	愛媛4区	○	○	○	
	山本幸三	福岡10区	○		○	
	山本　拓	比例北陸信越	○	○	○	
	山本ともひろ	比例南関東	○	○	○	
	山本有二	高知2区	○	○	○	○
	吉川貴盛	比例北海道	○	○	○	
	吉野正芳	福島5区		○	○	
	義家弘介	神奈川16区	○	○		○
	若宮健嗣	東京5区			○	
	渡辺博道	千葉6区	○	○	○	
自民党参議院	阿達雅志	比例	○	○	○	
	愛知治郎	宮城県	○	○	○	
	青木一彦	島根県	○	○	○	
	赤池誠章	比例	○	○	○	○
	赤石清美	比例			○	
	有村治子	比例	○	○	○	○
	井原　巧	愛媛県	○	○	○	○
	石井準一	千葉県	○	○	○	
	石井浩郎	秋田県		○	○	
	石井正弘	岡山県	○	○	○	*
	石田昌宏	比例				*
	磯﨑仁彦	香川県	○	○	○	
	礒崎陽輔	大分県	○	○	○	○
	岩井茂樹	静岡県		○	○	○
	岩城光英	福島県		○	○	
	上野通子	栃木県	○	○	○	
	宇都隆史	比例	○		○	
	江島　潔	山口県			○	*
	衛藤晟一	比例	○	○	○	○
	尾辻秀久	鹿児島県	○	○	○	
	太田房江	比例	○		○	*
	大家敏志	福岡県	○	○	○	
	大沼みずほ	山形県		○		*
	大野泰正	岐阜県		○	○	*
	岡田直樹	石川県		○	○	○
	岡田　広	茨城県	○	○	○	
	片山さつき	比例	○	○		
	金子原二郎	長崎県			○	
	木村義雄	比例	○	○	○	*
	岸　宏一	山形県	○	○	○	○
	熊谷　大	宮城県		○	○	
	北川イッセイ	大阪府			○	
	北村経夫	比例			○	*
	小泉昭男	神奈川県		○		
	鴻池祥肇	兵庫県	○	○	○	○

	氏名	選挙区	日本会議 国会議員懇談会	神道政治連盟 国会議員懇談会	みんなで靖国 神社に参拝する 国会議員の会	創生「日本」
自民党参議院	上月良祐	茨城県	○	○		*
	古賀友一郎	長崎県				*
	小坂憲次	比例	○		○	
	佐藤正久	比例	○	○	○	○
	佐藤信秋	比例			○	○
	酒井庸行	愛知県	○	○	○	*
	山東昭子	比例	○		○	
	島尻安伊子	沖縄県	○		○	
	島田三郎	島根県			○	*
	島村　大	神奈川県	○	○		*
	末松信介	兵庫県	○	○		○
	世耕弘成	和歌山県	○	○		○
	関口昌一	埼玉県		○	○	○
	高橋克法	栃木県	○	○	○	*
	伊達忠一	北海道		○	○	
	高野光二郎	高知県	○	○		*
	滝沢　求	青森県	○	○	○	*
	滝波宏文	福井県		○		*
	塚田一郎	新潟県	○	○	○	○
	柘植芳文	比例	○		○	*
	鶴保庸介	奈良県		○	○	
	堂故　茂	富山県		○		*
	豊田俊郎	千葉県	○	○	○	*
	中泉松司	秋田県	○	○	○	*
	中川雅治	東京都	○	○	○	○
	中曽根弘文	群馬県	○	○	○	○
	中西祐介	徳島県		○	○	
	中原八一	新潟県		○	○	
	長峯　誠	宮崎県		○	○	*
	二之湯智	京都府		○		
	二之湯武史	滋賀県	○		○	*
	西田昌司	京都府	○	○	○	○
	野上浩太郎	富山県	○	○		○
	野村哲郎	鹿児島県	○	○	○	
	橋本聖子	比例	○		○	
	長谷川　岳	北海道	○			
	羽生田俊	比例			○	*
	馬場成志	熊本県	○	○	○	*
	林　芳正	山口県		○	○	
	福岡資麿	佐賀県		○	○	
	藤川政人	愛知県		○	○	
	古川俊治	埼玉県		○		
	堀井　巖	奈良県		○	○	*
	舞立昇治	鳥取県	○	○	○	*
	牧野たかお	静岡県		○	○	○

	氏名	選挙区	日本会議国会議員懇談会	神道政治連盟国会議員懇談会	みんなで靖国神社に参拝する国会議員の会	創生「日本」
自民党参議院	松下新平	宮崎県	○	○	○	○
	松村祥史	熊本県		○	○	
	松山政司	福岡県	○	○	○	
	三木　亨	徳島県		○		
	丸川珠代	東京都	○	○	○	○
	丸山和也	比例			○	○
	三木　亨	徳島県			○	*
	三原じゅん子	比例	○	○	○	
	三宅伸吾	香川県	○		○	*
	宮本周司	比例				*
	水落敏栄	比例		○	○	
	溝手顕正	広島県		○		
	宮澤洋一	広島県		○	○	
	森　まさこ	福島県		○		
	森屋　宏	山梨県	○	○		*
	柳本卓治	大阪府	○	○		
	山崎　力	青森県	○	○		
	山崎正昭	福井県	○	○	○	
	山下雄平	佐賀県		○		*
	山田修路	石川県		○		*
	山田俊男	比例				○
	山谷えり子	比例	○	○	○	○
	山本一太	群馬県		○	○	○
	山本順三	愛媛県	○	○	○	
	吉川ゆうみ	三重県			○	*
	吉田博美	長野県		○	○	
	若林健太	長野県	○	○	○	
	脇　雅史	比例			○	
	渡邉美樹	比例	○			*
	渡辺猛之	岐阜県	○	○		
民進党衆議院	青柳陽一郎	比例南関東	○		○	
	石関貴史	比例北関東	○		○	
	柿沢未途	東京 15 区	○		○	
	木内孝胤	比例東京			○	
	重徳和彦	愛知 12 区			○	
	鈴木克昌	比例東海			○	
	田島一成	比例近畿			○	
	中島克仁	山梨 1 区			○	
	長島昭久	比例東京	○			
	中根康浩	比例東海			○	
	初鹿明博	比例東京			○	
	原口一博	佐賀 1 区	○		○	
	福島伸享	比例北関東	○		○	
	升田世喜男	比例東北			○	

	氏名	選挙区	日本会議 国会議員懇談会	神道政治連盟 国会議員懇談会	みんなで靖国 神社に参拝する 国会議員の会	創生「日本」
民進党衆議院	松野頼久	比例九州	○		○	
	松原　仁	比例東京	○		○	
	宮崎岳志	比例北関東			○	
	村岡敏英	比例東北	○		○	
	笠　浩史	神奈川９区	○		○	
	鷲尾英一郎	比例北陸信越	○		○	
	渡辺　周	静岡６区	○			
民進党参議院	金子洋一	神奈川県	○		○	
	小見山幸治	岐阜県			○	
	芝　博一	三重県			○	
	柴田　巧	比例			○	
	羽田雄一郎	長野県			○	
	前田武志	比例			○	
	水野賢一	千葉県	○	○		○
おおさか維新の会 衆議院	足立康史	比例近畿			○	
	井上英孝	大阪１区	○		○	
	浦野靖人	比例近畿	○			
	遠藤　敬	大阪 18 区	○		○	
	河野正美	比例九州	○		○	
	下地幹郎	比例九州	○		○	
	馬場伸幸	大阪 17 区	○			
	松浪健太	比例近畿	○		○	○
	丸山穂高	大阪 19 区			○	
おおさか維新の会 参議院	東　徹	大阪府	○		○	*
	江口克彦	比例	○		○	
	片山虎之助	比例		○	○	
	清水貴之	兵庫県	○		○	*
	藤巻健史	比例			○	
	儀間光男	比例			○	
生活の党 衆議院	小澤一郎	岩手４区			○	
日本のこころを大切にする党 参議院	中山恭子	比例	○		○	○
	中野正志	比例	○	○	○	
	和田政宗	宮城	○		○	*
日本を元気にする会 参議院	アントニオ猪木	比例			○	
	山口和之	比例				*
	井上義行	比例	○			*
	松田浩太	東京都				*
新党改革 参議院	荒井広幸	比例			○	○

	氏名	選挙区	日本会議 国会議員懇談会	神道政治連盟 国会議員懇談会	みんなで靖国 神社に参拝する 国会議員の会	創生「日本」
衆議院 無所属	浅尾慶一郎	神奈川4区	○		○	
	上西小百合	比例近畿			○	
	亀井静香	広島6区	○	○	○	
	鈴木貴子	比例北海道			○	
	長崎幸太郎	山梨2区		○	○	
	中村喜四郎	茨城7区			○	
	武藤貴也	滋賀4区	○	○	○	○
参議院 無所属	浜田和幸	鳥取県	○			
	松沢成文	神奈川県	○			＊
			計＝衆議院208人、参議院72人、合計280人（自民：衆議院186人、参議院61人、民進：衆議院12人、参議院2人、おおさか維新：衆議院7人、参議院3人、こころ：参議院3人、元気：参議院1人、無所属：衆議院3人、参議院2人）	計＝衆議院240人、参議院86人、合計326人（自民：衆議院237、参議院83、民進：参議院1、おおさか維新：参議院1、こころ：参議院1、無所属：衆議院3）	計＝衆議院257人、参議院99人、合計356人（自民：衆議院223、参議院82、民進：衆議院19、参議院6、おおさか維新：衆議院7、参議院6、こころ：参議院3、生活：衆議院1、新党改革：参議院1、元気：参議院1、無所属衆議院7）	計＝衆議院70人、参議院71人、合計141人（自民：衆議院68、参議院61、民進：参議院1、おおさか維新：衆議院1、参議院2、こころ：参議院2、元気：参議院3、新党改革：参議院1、無所属：衆議院1、参議院1）※加盟議員の名前が判明しているのは98であるが、13年10月30日現在の会員数は170人である。13年の参議院選で当選した新人48人が新加盟した（『産経新聞』2013.10.30）。そこで、この『産経新聞』報道をもとに2013年参議院選挙で初当選した自民党36人と諸派8人を加えて、＊印を付した。それでもなお約30人の名前が不明である。

資料8　日本を守る国民会議の主な役員（1995年11月当時）

議長
　黛敏郎（作曲家）

顧問
　石川六郎（日本商工会議所名誉会頭）
　宇野精一（東京大学名誉教授）
　加瀬俊一（初代国連大使ほか）
　小山五郎（さくら銀行相談役名誉会長）
　瀬島龍三（伊藤忠商事株式会社特別顧問）
　副島廣之（明治神宮常任顧問）

代表委員
　石井公一郎（株式会社ブリヂストン相談役）
　江藤淳（評論家、慶應義塾大学教授）
　岡田恵珠（崇教真光教主）
　岡野聖法（解脱会法主）
　岡本健治（神社本庁総長）
　小倉霊現（念法眞教燈主）
　小田村四郎（拓殖大学総長、下記・寅二郎は実兄）
　小田村寅二郎（国民文化研究会理事長）
　小野田寛郎（小野田自然塾塾長、元陸軍少尉）
　加瀬英明（外交評論家）
　勝部真長（お茶の水女子大学名誉教授）
　気賀健三（慶應義塾大学名誉教授）
　小堀桂一郎（東京大学名誉教授）
　志摩昭之輔（株式会社朝日写真ニュース社社長）
　末次一郎（新樹会代表幹事）
　関口徳高（仏所護念会会長）
　園田天光光（自由民主党各種婦人団体連合会会長）
　高田好胤（奈良薬師寺管長）
　塚本幸一（ワコール会長）
　外山勝志（明治神宮宮司）
　中井澄子（日本遺族会会長代行）
　能村龍太郎（太陽工業代表取締役会長）
　藤本勝喜（神道政治連盟会長）
　堀江正夫（日本郷友連盟会長）
　三波春夫（歌手）
　村尾次郎（日韓文化協会会長）

事務総長
　毛利義就（明治神宮権宮司）